Nikola Hollmann & Andrea Slavik

Abenteuer & Glücksmomente

Besondere Erlebnisse und
magische Orte im Ruhrgebiet

Bildnachweis

Adobe Stock: © foto_J.PE: 4-5, © Sydney2000: 8–9, © madiedu: 15 unten, © hansenn: 42, 45, © picfromdan: 47, © pixs:sell: 58, © mitifoto: 59, © Jademacro: 64, © fusi0n: 80, © Marcus Retkowietz: 82–83, © LeonvonB: 88, © Maik Meid: 90–91, © Kamzoom: 94–95; Gasometer Oberhausen GmbH /Dirk Böttger: 48–49, 51; Imago Images: /agefotostock: 100 unten, /biky: 103, /blickwinkel: 22, 28–29, /CHROMORANGE: 112, /Hans Blossey: 38–39, 76, /imagebroker: 78 oben, /Jochen Tack: 32, 34, 35, 36, 37, 40, /Rupert Oberhäuser: 115, /Werner Otto: 104, /Wested61: 102, /Zoonar: 33, 120, 121, 148 unten; LWL-Römermuseum/Prahl-Recke: 72; LWL-Römermuseum/P. Jülich: 79; picture alliance: /dpa: 78 unten, /dpa/Ina Fassbender: 134, 137, /Rubert Oberhäuser: 13; Stefan Ziese: 12, 18, 23. Alle anderen Bilder stammen von den Autorinnen.

Bibliografische Information der Deutschen Nationalbibliothek
Die Deutsche Nationalbibliothek verzeichnet diese Publikation in der Deutschen Nationalbibliografie; detaillierte bibliografische Daten sind im Internet über portal.dnb.de abrufbar.

Impressum

1. Auflage Juni 2022
Satz und Gestaltung: Birgit Lonsdorfer
Druck und Bindung:
AALEXX Druck Produktion, Thönser Str. 5a, 30938 Burgwedel
Umschlaggestaltung: Guido Klütsch
Umschlagabbildung: Adobe Stock/© hansenn
Autorinnenfotos Umschlagklappe: Andi Werner (links), Birgit Pichler (rechts)
Übersichtskarte Seite 6/7: © Regionalverband Ruhr

ISBN 978-3-8375-2436-9

Jakob Funke Medien Beteiligungs GmbH & Co. KG
Jakob-Funke-Platz 1, 45127 Essen
info.klartext@funkemedien.de
www.klartext-verlag.de

Die Totems auf der Halde Haniel in Bottrop

Legende

 Sehenswürdigkeit

 Aussichtspunkt

 Freizeitspaß

 Kulturstätte

 Kunstobjekt

 Wanderstrecke

 Naturerlebnis

 familienfreundlich

Wolkenstimmung am Weseler Auesee

1 Kloster Kamp und Zechenpark
2 Schloss Moers und Musenhof
3 Mercatorinsel und Duisburg-Ruhrort
4 Duisburger Sechs-Seen-Platte
5 Schloss Oberhausen und Kaiserpark
6 Halde Haniel und Köllnischer Wald
7 Rheinstadt Wesel
8 Schloss Raesfeld und Tiergarten
9 Römermuseum und Annaberg
10 Westruper Heide und Halterner Stausee
11 Halde Hoheward und Zeche Ewald
12 Tippelsberg in Bochum
13 Radom im Bochumer Süden
14 Burg und Dorf Blankenstein
15 Muttental, Ruine Hardenstein, Zeche Nachtigall
16 Hohensyburg und Peterskirche
17 Kluterthöhle in Ennepetal
18 Haus Opherdicke und Skulpturen
19 Schloss Cappenberg
20 Halde Großes Holz und Marina Rünthe

altern
n See
10
SEN
Datteln
Oer-
Erkenschwick
Waltrop
linghausen
Emscher
Castrop-
Rauxel
rne
12
ochum
13
Witten
15
Herdecke
tingen
14
Wetter
NNEPE-
Gevelsberg
Sprockhövel
RUHR
17
Schwelm
Ennepetal
KREIS
Breckerfeld
Hagen
16
Schwerte
Dortmund
Selm
19
Werne
KREIS
20
Bergkamen
Lünen
Kamen
Bönen
Hamm
UNNA
Unna
Holz-
wickede
18
Fröndenberg

Am Wasserschloss in Raesfeld

Vorwort

Nach welchen Kriterien wählt man von all den vielen sehenswerten Orten im Ruhrgebiet die aus, die man inspirierend nennt? Es gibt so viele, die besucht werden möchten. Man könnte einfach schöne Plätze in der Natur beschreiben oder Geschichten von besonderen Orten erzählen, aber es ist die Mischung aus beidem, die einen magischen Ort ausmacht.

Die schöne Natur, das Kunstwerk, die Geschichten und die Schicksale der Menschen. Ihre Entscheidungen, Ideen und Gefühle – sie bleiben und definieren einen Raum: Dies alles macht einen Platz zu einem ganz speziellen Ort. In diese Energien können wir uns jederzeit einfinden und uns daran erfreuen. Wir können uns die Geschichten der Menschen erzählen lassen, die Bauwerke bestaunen, die beruhigende Natur genießen und die spannenden Momente erfahren.

Denn jeder Ort hat seine Geschichten und seine Geschichte. So wie auf Schloss Cappenberg, wo vor 900 Jahren ein junger Adliger all seinen Einfluss aufgab und seinen ganzen Besitz an einen Orden verschenkte. Oder in Bochum-Sundern, das im Volksmund Cap-

Kaminski genannt wird – nach dem Visionär, der als Autodidakt Raumfahrtgeschichte mitgeschrieben hat. Oder in Hohensyburg an der ältesten Kirche Westfalens, die von Karl dem Großen dort erbaut wurde, wo zuvor ein heidnisches Heiligtum stand.

Dieses reizvolle Nebeneinander der Eindrücke und der Geschichten ist es, was das Ruhrgebiet auszeichnet. Manchmal weiß man nicht, ob man es anziehend oder abstoßend finden soll. Und man findet es trotzdem schön: Gras, das über Gleise, Kohle und Schutt wächst. Menschen, die ihre Vergangenheit zelebrieren und doch in die Zukunft gehen. Graue Halden, die in strahlendem Grün erglänzen. Eine Region, die noch an Wunder und an die Veränderung glaubt!

Inspiration und Spaß, Natur und Kultur, Rückzug und Aktion – das alles liegt im Ruhrgebiet fast überall sehr nah beieinander. Es wartet nur darauf, erkundet zu werden.

Egal, ob alleine mit der Familie oder mit Freundinnen und Freunden: Wir wünschen Ihnen viele Abenteuer und Glücksmomente im Revier!

Andrea Slavik und Nikola Hollmann

Barockes Kloster mit modernem Wandelweg

Vom Kloster Kamp zum Zechenpark

Über dem Terrassengarten steht das alte Kloster.

Zwei Orte, deren Entstehung unterschiedlicher nicht sein könnte: Kamp, das im 12. Jahrhundert rund um das Zisterzienserkloster entstanden ist, und Lintfort, das erst durch den Zechenbau Anfang des vergangenen Jahrhunderts Bedeutung erlangte. Die historischen Mauern des Klosters, der beeindruckende barocke Garten, die Fossa Eugeniana nur einige Schritte weit entfernt und über den Wandelweg hinein in die Moderne des Bergbaus und die jüngere Geschichte des Ruhrgebiets: Hier in Kamp-Lintfort ist alles nur einige Kilometer voneinander entfernt. Und so ist ein aufregender und spannender Ausflug garantiert.

Anreise Pkw/Parkplatz:
Parkplatz „Terrassengarten“ an der Mittelstraße 1,
47475 Kamp-Lintfort für Kamp,
Friedrich-Heinrich-Allee 90, 47475 Kamp-Lintfort für Lintfort

Anreise mit ÖPNV:
Bushaltestelle Kloster Kamp,
Kamp-Lintfort Südbahnhof

Weitgehend barrierefrei

Die Klosterkirche

Setzt man den ersten Schritt in die weitläufige Anlage des Klosters Kamp, wird sofort klar, dass es sich hier um einen historisch bedeutenden Ort handelt. Die 1123 gegründete erste Zisterzienserabtei auf deutschsprachigem Boden wurde nicht nur zur Keimzelle der Stadt Kamp, sondern auch zum Zentrum des Zisterzienserordens. Von hier aus gab es im Laufe der Jahrhunderte mehr als 100 Klostergründungen – bis nach Riga reichte der Einfluss eines der im Mittelalter wohl wichtigsten Zisterzienserkloster überhaupt.
Im Truchsess-Kölnischen Krieg wurde das Kloster Ende des 16. Jahrhunderts zerstört. Knapp einhundert Jahre später wurde es wiederaufgebaut und das Gelände mit dem berühmten Terrassengarten geschmückt. Nach der Säkularisation 1802 blieb das Kloster

verwaist, bis 1954 noch einmal für 50 Jahre Karmeliter-Mönche einzogen. Der Backsteinbau, der heute als Kloster bezeichnet wird, ist eines von zwei Gebäuden, die nach den Kriegen Ende des 16. Jahrhunderts wiederaufgebaut wurden. Es ist das ehemalige Krankenhaus; heute finden sich dort der Rokokosaal und der Gewölbekeller, die für Veranstaltungen vermietet werden.
Die Abteikirche, der Klosterladen, das Spenden-Café, das Museum „Schatzkammer", die Vogelvoliere und die Veranstaltungsräume werden heute vom Verein „Geistliches und kulturelles Zentrum Kloster Kamp" geführt. Doch ohne viele ehrenamtliche Helferinnen und Helfer wäre es nicht möglich, dies alles fast jeden Tag zu betreiben. So sind sie laut Aussage des Vereins die „wahren Schätze" des Klosters und die Voraussetzung dafür, dass das Kloster mittlerweile zu einem Besuchermagnet geworden ist.

Tipp

Schatzkammer

Um nur einen der Schätze zu nennen, die das modern gestaltete Museum beherbergt, sei hier das „Kamper Antependium" hervorgehoben, ein Altarvorhang, der aus dem 14. Jahrhundert erhalten geblieben ist. Neben wechselnden Ausstellungen bietet das Museum besondere Einzelstücke und Informationen zum Kloster. Wer sich im Vorfeld schon informieren möchte, kann sich auf der Museums-App den „Quizguide für Entdecker" holen.

Museum Kloster Kamp, Abteiplatz 24,
Tel. 02842/927540,
Öffnungszeiten: dienstags bis samstags 14 bis 17 Uhr,
sonn- und feiertags 11 bis 17 Uhr

Gartenfreuden am Kloster Kamp

Die Gärten wurden erst zwischen 1986 und 1990 nach historischen Vorlagen wieder instand gesetzt. Auf einer Fläche von 21.700 Quadratmetern wurde dieses Juwel neu erschaffen – finanziert von Stadt, Land und Bund. Verwaltet und instand gehalten wird der Garten von der Stadt Kamp-Lintfort.

Neben dem bekanntesten, dem barocken Terrassengarten, gibt es noch andere Gärten: von meditativ bis rustikal ist auf dem riesigen Areal alles zu finden. Der „Alte Garten“ ist nicht nur für Familien attraktiv, weil sich dort der Spielplatz befindet, sondern beheimatet auch den historischen Blumen- und Nutzgarten. Die Vogelvoliere und der Außenbereich des Spenden-Cafés liegen im sogenannten „Klostergarten“.

Sommer im Klostergarten

Info

Abteikirche

Ihr Bau erfolgte ab 1150 und hat ganze 32 Jahre gedauert. Um 1410 gab es Umbauten im gotischen Stil. Doch wurden diese erste Kirche sowie das Kloster während der Kriege Ende des 16. Jahrhunderts zerstört. Erst knapp 100 Jahre später, im Jahr 1683, startete der Wiederaufbau der Abteikirche. Außen ist sie dem gotischen Baustil nachempfunden, nur die Zwiebeltürme entsprechen der Vorliebe des Barocks, allerdings nicht der der Zisterzienser – also sind sie eigentlich eine kleine Sensation. Das Innere der Kirche ist ebenfalls im barocken Baustil gehalten.

Über den Gärten erhebt sich die Abteikirche.

Im Barockgarten

Den „Kräutergarten" finden die Besucher vor der Haustür am Abteiplatz 13, am Eingang zum Geistlichen und Kulturellen Zentrum. Er wurde 2012 neu angelegt und bietet Inspiration für alle Hobby-Kräuterhexen und -hexer. Wer es dann selbst ausprobieren möchte, kann sogar vor Ort Pflanzen erwerben. Und am Osthang des Klosterhügels befindet sich schließlich, wie es für ein Kloster unerlässlich ist, der „Weinberg". Dort finden regelmäßig Führungen und Workshops statt.

Informationen zu Führungen, Öffnungszeiten des Cafés, aktuellen Veranstaltungen und Ausstellungen unter www.kloster-kamp.eu

Der berühmte Terrassengarten des Klosters

Info

Zeche in neuem Gewand

Als Anfang des vergangenen Jahrhunderts die Friedrich-Heinrich-Zeche gebaut wurde, war weit und breit nur „plattes Land“. Um Arbeitskräfte anwerben zu können, wurde gleich neben der Zeche eine Siedlung im Stil der englischen Gartenstadt geplant. Großzügig und mit vielen Grünflächen angelegte Straßen bieten bis heute eine hohe Wohnqualität.

Das Bergwerk mit zwei Schächten nahm 1912 den Betrieb mit 835 Beschäftigten auf. Werkssiedlungen, Schulen, Geschäfte, Kirchen: Mit der Zeche entwickelte sich das Dorf Lintfort – fast 9000 Menschen waren in den 1950er-Jahren in dem damals sehr modernen Bergwerk beschäftigt, das erst Ende 2012 seine Tore schloss. Nur acht Jahre später wurde das Zechengelände für die Landesgartenschau 2020 aufwändig und geschmackvoll umgestaltet.

Neben den weitläufig begrünten Flächen und den beeindruckenden Industriegebäuden gibt es mehrere Kinderspielplätze und einen kleinen Tierpark zu entdecken:

Kalisto Tierpark, Öffnungszeiten meist tgl. von 10–17 Uhr, weitere Informationen unter 02842/9734499, www.kalisto-tierpark.de

Wandeln zwischen Kamp und Linfort

Wer auf den Spuren der Stadt wandeln möchte, geht entlang der Großen Goorley. Der Bach verbindet die beiden Stadtteile Kamp und Lintfort miteinander. Er mündet in die historisch bedeutende Fossa Eugeniana. Der „Wandelweg" ist barrierefrei und führt auf einer Länge von 2,5 Kilometern vom Kloster Kamp bis zum Park der Zeche Friedrich-Heinrich, Schauplatz der Landesgartenschau 2020. Dahinter liegt die Altsiedlung. Wer sich dafür näher interessiert, kann unter www.kamp-lintfort-tourismus.de einen Flyer für eine informative Runde oder eine Kinder-Rallye durch das Viertel herunterladen. Wer es lieber naturnah mag, kann vom Kloster auf den Dachsberg oder in den Kamper Wald wandern. Dort gibt es verschiedene ausgeschilderte Wander- und Rundwege.

Tipp

Kloster-Kohle-Campus

Die Ausstellung im Infozentrum Stadt und Bergbau steht ganz unter dem Zeichen „Kloster-Kohle-Campus" und bietet barrierefrei und interaktiv Einblicke in die unterschiedlichen Entwicklungen der Stadt Kamp-Lintfort. Neben dem Besuch des Lehrstollens kann auch eine Fahrt auf den Förderturm gebucht werden.

Infozentrum Stadt und Bergbau, Friedrich-Heinrich-Allee 81, 47475 Kamp-Lintfort, Tel. 02842/9030871, www.kamp-lintfort-tourismus.de

Gastronomie

Haus Alte Schmiede, Abteiplatz 15, 47475 Kamp-Lintfort, Tel. 01573/5493607

Restaurant Haus Bieger, Abteiplatz 11, 47475 Kamp-Lintfort, Tel. 02842/9219900, www.hausbieger.de

Kloster Spenden-Café, Abteiplatz 13, 47475 Kamp-Lintfort, Tel. 02842/927540, www.kloster-kamp.eu

Diverse in Lintfort

Wo Kinder ins Mittelalter reisen können

Schloss Moers und der Musenhof

In Schloss Moers ist ein sehenswertes Museum untergebracht.

Schon die Römer waren in Moers, um ihre Gebiete auf der linken Rheinseite zu sichern. Dann kamen die Spanier, die Oranier, die Franzosen, die Preußen und am Schluss die Amerikaner, um den Zweiten Weltkrieg zu beenden. Dazwischen gab es verheerende Feuer, die Pest, Machtansprüche und zuletzt zerstörerische Bombenangriffe. Wie andere Städte am Niederrhein war auch Moers eine Zeit lang mit einer Zitadelle ausgestattet und musste abwehren, verteidigen und kämpfen. Die letzte Gräfin von Moers, die im Zuge der virtuellen Ausstellung im Schlossmuseum zum Leben erwacht, hatte auch kein Glück. Vielleicht ist das der Grund, warum die Stadt heute mit allen Mitteln dafür sorgen möchte, dass man sich wohlfühlt: Und es gelingt ihr! Die Eltern flanieren in die historische Altstadt zum Einkaufen, während die Kinder im Musenhof das Leben im Mittelalter ausprobieren. Oder es geht gemeinsam ins interaktive Schlossmuseum oder zu den vielfältigen Aktivitäten im stimmungsvoll gestalteten Moerser Schlosspark. Alles in allem ist es eine besondere Zeit, die man hier verbringen kann, egal ob alt oder jung – jeder wandelt zwischen den Zeiten in seinem eigenen Tempo.

Anreise Pkw/Parkplatz:
gebührenpflichtiger Parkplatz Kastell, Kleine Allee 2, 47441 Moers, oder Freizeitpark, Krefelder Str. 97, 47441 Moers

Anreise mit ÖPNV:
Haltestelle Moers Königlicher Hof

Wer nach Moers kommt, wird schnell in den Bann der ehemaligen Wasserburg der Grafen von Moers gezogen. Alles scheint sich darum entwickelt zu haben. Der Schlosspark mit seinen Wassergräben, die einmal zum Schutz der Zitadelle angelegt wurden, glänzt heute mit unterschiedlichen Attraktionen und einer sorgsam angelegten Parknatur. Im ambitionierten Grafschafter Museum wird eine der wichtigsten Frauen der Stadt zum Leben erweckt: Gräfin Walburgis von Neuenahr-Moers erscheint uns als dreidimensionale Gestalt und erzählt ihre Geschichte rund um die Stadt Moers. Wie gefährlich und unsicher das Leben zur damaligen Zeit war, zeigt allein die Geschichte ihrer beiden Ehemänner: einer von den Spaniern geköpft, der andere bei einer Explosion ums Leben gekommen. Das Museum erzählt aber viel mehr als nur die Geschichte der Gräfin. Interaktiv schlüpfen die Besucherinnen und Besucher in die Zeit der Gräfin und in spätere Epochen. So führt der historische Kaufladen der Familie Jansen aus dem 19. Jahrhundert in die Zeiten, als im Ruhrgebiet der industrielle Kohleabbau begann und die Menschen auf der Suche nach Arbeit kamen und blieben.

Der Kurfürstin Luise Henriette von Brandenburg ist vor dem Schloss ein Denkmal gesetzt.

Tipp

Stadtspaziergänge und Einkaufsbummel

Während die Kinder im Musenhof Abenteuer erleben, bleibt genug Zeit für die Eltern, um in der nahegelegenen gemütlichen und sehenswerten Altstadt ein bisschen zu shoppen oder in Ruhe einen Kaffee zu trinken. Wer sich ein Bild der Stadt machen möchte, kann auch einen der Flyer nutzen, den die Stadtinformation bereithält, zum Beispiel für einen Altstadtbummel oder einen Spaziergang durch den Schlosspark. Die Faltblätter stehen auf der Internetseite der Stadt Moers auch zum Herunterladen bereit: www.moers.de/de/stichwoerter/stadtfuehrungen-9667316/

Die Stadtinformation bietet außerdem zahlreiche unterschiedliche Führungen an, unter anderem durch die Altstadt und durch den Schlosspark.

Stadtinformation Moers, Kirchstraße 27 a/b, 47441 Moers,
Tel. 02841/882260, www.moers.de/de/freizeit/tourismus/

Bei Erweiterungsbauarbeiten wurden unter dem Schloss mittelalterliche Verteidigungsmauern mit Schießkammern und -scharten entdeckt. Diese können neben einem Lehmkuppelofen aus der Zeit um 1200 im „Keller“ besichtigt werden. Und jedes Mal ist man froh, wenn man aus den umkämpften Zeiten der Stadt Moers wieder an die Oberfläche steigt. Erholung gelingt besonders gut im Rosarium. Rosengärten waren über viele Jahrhunderte immer schon ein Ort der religiösen und inneren Einkehr. Dieser hier ist mit viel Liebe und Sorgfalt nach historischen Vorgaben angelegt: der Duft und die Farbenpracht verführen zu meditativem Verweilen.

Schlosspark – Attraktionen für alt und jung

Zu Beginn des 19. Jahrhunderts erwarb der Textilfabrikant Friedrich Wintgens Teile der Festungsanlage, die Kasernen und später das Schloss. In den Nebengebäuden errichtete er eine Baumwollspinnerei. Dreißig Jahre später ließ er den Schlosspark nach englischem Vorbild gestalten und anlegen. 1874 wurde ein weiterer Geländeteil von Heinrich Wintgens zum Park umgestaltet – diesmal mit exotischeren Bäumen, verschlungenen Wegen und unter Einbeziehung der Wasserflächen. Anfangs des 20. Jahrhunderts kam der Park in Besitz der Stadt und wurde erstmals öffentlich zugänglich gemacht. Auch heute noch sind die gartenarchitektonischen Bemühungen damaliger Zeiten zu sehen und zu spüren. Folgt man den Wegen, kommt man an das berührende Denkmal „Hektors Abschied", geht entlang des Stadtgrabens und des Moersbachs, vorbei am Spring-

Im Schlosspark kann man zur Ruhe kommen.

brunnen, an der Kulturinsel und den Baumzwergen und findet Ruhe im Japanischen Garten oder Kuschelfreude im Streichelzoo und Spaß beim Minigolfspiel oder am Kinderspielplatz „Nepix Kull". Und neben all den Attraktionen gilt es einfach, die vielen alten Bäume zu bestaunen und die gestaltete Natur auf sich wirken zu lassen. Da lässt sich schnell ein ganzer Nachmittag füllen.

Gastronomie

Grafschafter Wirtshaus, Kastell 5, 47441 Moers, Tel. 02841/9317670, www.wirtshaus-moers.de
Casa Leonardo, Kastell 17, 47441 Moers, Tel. 02841/20700, www.casa-leonardo-moers.de
Diverse in der Moerser Altstadt

Wassergott am größten Binnenhafen der Welt

Mercatorinsel und Duisburg-Ruhrort

„Echo des Poseidon“
von Markus Lüpertz

Von der Friedrich-Ebert-Brücke eröffnet sich ein beeindruckender Blick auf die Duisburger Stadtteile Ruhrort und Homberg, der eine geprägt durch die Ruhrmündung und den weltgrößten Binnenhafen, der andere durch den Rhein. Diese beiden Flüsse haben den Aufstieg des Ruhrgebiets erst ermöglicht, von hier aus wurden die Waren in die Welt verschifft. So konnte der reale Reichtum für einige entstehen, und die Hoffnung auf ein bisschen Wohlstand lockte die anderen aus ganz Europa herbei, deren Kinder und Kindeskinder bis heute hier zusammenleben. Ein Spaziergang vom Stadtteil Ruhrort über die Rheinbrücke zur Mercatorinsel eröffnet eine weitere Sichtweise: angeregt durch die Skulptur des Wassergottes Poseidon und die beeindruckende Natur am Zusammenfluss der wichtigsten Flüsse des Ruhrgebiets weitet sich der Blick über die Urbanität hinaus zum Himmel und zum eigenen Sein.

Anreise Pkw/Parkplatz:
Parkplatz an der Friedrich-Ebert-Straße 4,
47119 Duisburg-Ruhrort, oder am Binnenschifffahrtsmuseum

Anreise mit ÖPNV:
Bus- und Straßenbahn-Haltestelle Friedrichsplatz,
Duisburg-Ruhrort, Bahnhof Duisburg-Ruhrort

Im Duisburger Stadtteil Ruhrort dreht sich alles um Schiffe, Handel und Transport. Da verwundert es nicht, dass man in den verwinkelten Gassen auf maritime Läden genauso stößt wie auf die historischen Zeugnisse aus der Zeit des Kohleabbaus. Früher prägten die Matrosen und Seefahrer das Stadtbild, und es hat sich auch die ein oder andere urige Kneipe erhalten. Heute ist ein Szene- und Künstlerviertel entstanden, beliebt bei den Einheimischen, aber auch bei den Filmemachern. Nicht zuletzt wurde Ruhrort Heimat des von Götz George gespielten berühmten Tatortkommissars Horst Schimanski. Das Hafenflair und die teils exotische Kulisse hatten den Ausschlag gegeben.

Aber so war es in Ruhrort nicht immer. Aufgrund der Nähe zu Rhein und Ruhr war es im Mittelalter zu einer führenden Handelsstadt gewachsen, bereits 1392 wurde der Hafen erstmals erwähnt. Südlich

Turm der Maximilian-Kirche

Mercatorinsel und Friedrich-Ebert-Brücke

Tipp

Kunst auf der Mercator-Insel

Es ist noch nicht lange her, da war die Mercator-Insel am Zusammenfluss von Rhein und Ruhr ein Umschlagplatz für Kohle, Eisenerz und Schrott. Danach lag sie jahrelang brach, bis sie in eine Parklandschaft umgestaltet wurde, inklusive einiger Skulpturen. Zum Beispiel die fünf Meter hohe Bronzeplastik „Echo des Poseidon" des Künstlers Markus Lüpertz, die hier zum dreihundertjährigen Bestehen des weltweit größten Binnenhafens 2016 aufgestellt wurde. Lüpertz gehört zu den bekanntesten deutschen zeitgenössischen Künstlern – der in dieser Rolle natürlich oft polarisiert. Vor seinem – sehr kurzen – Kunststudium arbeitete Lüpertz übrigens in einer Kohlenzeche unter Tage.

der Stadt lag die Hansestadt Duisburg, erst 1905 wurde Ruhrort nach Duisburg eingemeindet. Was die beiden Städte gemeinsam hatten und bis heute haben: den Stolz und das Bewusstsein ihrer Geschichte als Handelszentren am Fluss.

Nach 1200 begann der Rhein, sich von Duisburg zurückzuziehen, und die Kaufleute konnten nur dabei zusehen, wie ihnen der Han-

Abendstimmung am Hafen

delsweg und damit auch ihr Einfluss davonrannen. Als dann Anfang des 19. Jahrhunderts die Möglichkeit bestand, die Flüsse Rhein und Ruhr mit Hilfe der Dampfkraft und der voranschreitenden Technik wieder in das „alte" Flussbett zu zwingen beziehungsweise Kanäle zu bauen, wurde dies sofort realisiert und umgesetzt. So entstanden der Innen- und der Außenhafen.
Ruhrort blieb eine florierende Handels- und Hafenstadt, und nachdem Duisburg nun ebenfalls wieder einen großen Hafen besaß, wuchsen Zweifel, ob die beiden Standorte sich nicht gegenseitig Konkurrenz machen würden. Doch Kohle und Stahl und die gigantische industrielle Entwicklung lösten das Problem: Es brauchte beide Häfen, die gemeinsam heute den größten Binnenhafen der Welt bilden mit mehr als 20.000 Schiffen, die hier jährlich gewaltige Mengen an Gütern umschlagen und lagern. Duisburg ist ein Verbindungshafen nach Antwerpen, Amsterdam, Rotterdam und damit in die ganze Welt. Und so fühlt man sich auch, wenn man am riesigen Kopf des Poseidons auf der grünen Mercatorinsel steht – verbunden mit der ganzen Welt.

Ruhrort und die Familie Haniel

Begonnen hat die Entwicklung von Ruhrort 1371 als Zollstelle und mit dem Bau des Wasserschlosses „Kasteel". Die echte Erfolgsgeschichte begann 1716, als ein erstes Hafenbecken vor den Mauern der Stadt errichtet wurde. Bürgermeister Jan Willem Noot ließ 1756 an der Hafenstraße ein Wohn- und Packhaus bauen. Seine Tochter Alette heiratete 1761 Jacob Haniel, mit dem gemeinsam sie einen Speditionshandel mit Kolonialwaren und Wein eröffnete. Bald kam der Kohlehandel hinzu. Die Söhne Franz und Gerhard Haniel führten das Handelshaus ins 19. Jahrhundert und jeder im Ruhrgebiet kennt mittlerweile diesen Namen, ist er doch verbunden mit allen wichtigen Zechen der Region. In dem historischen Packhaus und dem angrenzenden neobarocken Bau von 1921 befindet sich immer noch der Firmensitz.

Info

Museum der Deutschen Binnenschifffahrt

Die Ausstellung verspricht einen Einblick in die Geschichte der Schifffahrt von der Steinzeit bis zu Gegenwart. Über drei Etagen modern und multimedial aufbereitet, gibt es detaillierte Informationen genauso wie detailgetreue Modelle und Exponate zum Anfassen. Der ungewöhnliche Standort ist ein ehemaliges Jugendstil-Schwimmbad. In der Herrenschwimmhalle ist die Tjalk „Goede Verwachting" zu bestaunen, ein Lastensegler von 1913. Im Zentrum der Damenhalle steht der Nachbau eines Binnenschiffes: Als begehbares Spielschiff „Hermann" ist es vor allem bei den kleinen Gästen beliebt. Weitere Themen der Ausstellungen sind zum Beispiel Personenschifffahrt, Rheinromantik, die Umschlagstechniken im Hafen, die Geschichte der Duisburg-Ruhrorter Häfen. Auf jeden Fall lohnt sich ein Besuch des beeindruckenden und spannenden Museums.

„Oscar Huber" heißt das Museumsschiff, das 1922 gebaut wurde und als einziger Rhein-Radschleppdampfer nicht verschrottet wurde. Er zog antriebslose Kähne und ihre Frachten und zeugt so von einer Technologie, die im Hafen mehr als 100 Jahre zum Einsatz kam. Heute liegt das Schiff am Leinpfad bei der Schifferbörse und freut sich auf einen Besuch: Maschinenraum und Mannschafts- und Wohnräume sind zu besichtigen. Direkt daneben liegen der Eimerkettendampfbagger „Minden" und das Kranschiff „Fendel 147".

Museum der Deutschen Binnenschifffahrt, Apostelstraße 84,
47119 Duisburg, Tel. 0203/28394140, www.binnenschifffahrtsmuseum.de
Öffnungszeiten: dienstags bis sonntags von 10 bis 17 Uhr
Die Museumsschiffe sind von Ostern bis Oktober geöffnet und anders als das Museum nicht barrierefrei. An allen Donnerstagen gilt: „Zahle, was du möchtest."

Gang durch die Ruhrorter Geschichte

Vom Friedrichsplatz kann man nördlich des Beckens des Ruhrorter Eisenbahnhafens an einer Aussichtsplattform vorbei zum Museum der Deutschen Binnenschifffahrt gehen. Von dort aus wieder südlich über die Bassinbrücke auf die Mühlenweide spaziert, hat man umgeben von Wasser Blick auf den Eisenbahnhafen. Regelmäßig finden hier Veranstaltungen wie ein Hafenflohmarkt statt. Dem historischen Leinpfad folgt man bis zur Friedrich-Ebert-Brücke, von deren Südseite eine Treppe hinunter zur Mercatorinsel und zum Kunstwerk Poseidon führt. Von dort sollte man wiederum über die Brücke zurück auf den Leinpfad wandern und weiter zur Schifferbörse, an der das historische Museumsschiff „Oscar Huber" vor Anker liegt. Von hier aus starten auch die Ausflugsschiffe in die Hafenbecken des Duisburger Binnenhafens. Über die Treppen geht es dann hinauf in den Ort. Hier ist Schlendern und Erkunden angesagt.

Gastronomie

Kalenda Musikcafé, Afrikanisches Bistro, Harmoniestraße 45, 47119 Duisburg, Tel. 01575/7876235

Damm-Café, Dammstraße 27, 47119 Duisburg, Tel. 0203/872902, www.dammcafe.de

Biergarten Mühlenweide, Dammstraße 1D, 47119 Duisburg, Tel. 01573/4842530, www.biergarten-duisburg.business.site

Ristorante Siamo Qui im Museum, Apostelstraße 84, 49119 Duisburg, Tel. 0203/800550, www.siamo-qui.de

Ein bisschen wie in Skandinavien

Duisburger Sechs-Seen-Platte und Wolfsberg

So grün ist es in Duisburgs Süden.

Wer auf dem Aussichtsturm des Wolfsbergs steht, befindet sich auf der höchsten öffentlich zugänglichen Stelle Duisburgs. Und die Aussicht ist beeindruckend. Dabei geht es gar nicht so sehr darum, mit den Augen nur in die Ferne zu schweifen – allein der Blick auf die Sechs-Seen-Platte und auf die für Ruhrgebietsverhältnisse fast endlos scheinenden Wälder macht glücklich. Einfach durch den Wald streifen und ein Mooshäuschen bauen oder am See entspannen und abschalten – das Gebiet um die Sechs-Seen-Platte eignet sich hervorragend, um dem Alltag zu entfliehen.

Wasserspaß auf der Seenplatte

Anreise Pkw/Parkplatz:
Parkplatz Kalkweg oder Masurenallee, 47269 Duisburg

Anreise mit ÖPNV:
Haltestelle Wolfssee

So nah an der Stadt und doch so fern davon – so fühlt sich, wer an der Sechs-Seen-Platte unterwegs ist. Entstanden sind die sechs Seen, die auch die Natur so erschaffen haben könnte, aus einer Kiesgrube des Grafen Spee auf Heltorf. Die Seen heißen Wambachsee, Masurensee, Böllertsee, Wolfssee, Wildförstersee und Haubachsee, wobei letzterer erst 2001 vollständig ausgebaggert wurde. Über 238 Hektar erstreckt sich das Gebiet und bietet ein wahres Naturparadies mit Seebad, Reitpfaden, Spielplätzen und 25 Kilometern Spazier- und Wanderwegen. Hier kann man der Hektik der Stadt entfliehen und sich zwischen Bäume zurückziehen oder am Wasser erholen. Wer Spaß und Action sucht kann schwimmen, segeln, tauchen oder stehpaddeln. Auch zum Angeln und Fischen gibt es diverse Möglichkeiten.

Touristisch am besten erschlossen ist der Wolfssee, an dem sich auch das Strandbad befindet. Hinter der Insel geht er in den Wildförstersee über. Der Wambachsee ist vor allem bei Tauchern beliebt. Der Verband Deutscher Sporttaucher bildet hier aus. Dagegen steht der Haubachsee ganz im Zeichen des Naturschutzes und ist deshalb auch als einziger der Seen nicht zugänglich. Allerdings gibt es an seinem Nordrand einen besonderen Aussichtspunkt, der auch durch Menschenhand entstanden ist.

Schweden oder Duisburg?

Der Wolfsberg und seine Aussicht

Dort, wo sich heute der Wolfsberg erhebt, stand im Zweiten Weltkrieg eine Artillerieanlage. Nach dem Krieg häufte man auf, was in der Gegend so anfiel. Schon 1975 wurde der entstandene Hügel abgedeckt und als Aussichtsberg gestaltet. Der Bürgerverein Wedau/Bissingheim machte es möglich, dass auf seinem höchsten Punkt ein Turm errichtet wurde, von dessen Plattform aus man von Düsseldorf bis Oberhausen alles im Blick hat – vor allem aber aus der Vogelperspektive den Ausblick über die Seen genießen kann.

22 Meter hoch: der Turm auf dem künstlich angelegten Wolfsberg

Tipp

Bootsverleih am Wambachsee, Kalkweg 250, 47279 Duisburg, Tel. 0163/9660195

Freibad Wolfssee, Kalkweg 262, 47279 Duisburg, Tel. 0203/720405, www.freibad-wolfssee.de mit Kiosk MiMoBeach

Grillplatz Schmetterling, www.grillplatzvermietung.de

Lani SUP, Programm rund um das Thema Stand-Up-Paddling, verschiedene Kurse, Events, Workshops und Verleih. Sogar Yoga und Paddling werden angeboten. Kalkweg 262, 47279 Duisburg (im Freibad), Tel. 0208/45794917, info@lani-sup.com, www.lani-sup.com

Die Sechs-Seen-Platte im Duisburger Süden

In der Nähe

Regattabahn Wedau

Nördlich der Sechs-Seen-Platte befindet sich eine Kanu- und Rudersportstätte von internationalem Ruf. Auch dieses Areal ist aus einem Baggersee entstanden, obwohl man den geraden Ufern diese Geschichte heute nicht mehr ansieht. Auch wenn auf der Anlage gerade keine Wettkämpfe stattfinden, so ist der Sportpark Duisburg, zu dem sie gehört, trotzdem ein Publikumsmagnet mit zahlreichen Anbietern unterschiedlicher Aktivitäten vom Wakeboarden bis zum Adventure-Golfen. Hier kann man je nach Jahreszeit Drachenbootfahren lernen oder Eislaufen, es gibt eine beleuchtete Laufstrecke genauso wie verschiedene Aktionswege wie zum Beispiel den Weg der Mobilität, der Geschicklichkeit und Gleichgewicht fördert, oder den Weg des Wissens, auf dem es Interessantes über die Natur im Wald und am Wasser zu entdecken gibt. Für Kinder wird ebenfalls einiges geboten, so zum Beispiel einen Wasseraktionsspielplatz.
Alle Informationen unter www.duisburgsport.eu unter Menüpunkt „Sportpark Duisburg", Kontakt und Buchung von Kursen:
DuisburgSport, Margaretenstr. 11, 47055 Duisburg, Tel. 0203/2834444

Von der Sechs-Seen-Platte aus kann man wunderbar weitläufig wandern. Im Osten, hinter der Bahnlinie befindet sich der siebte See, der Entenfang, und von dort aus erreicht man über den Nachbarsweg jenseits der A3 die riesigen Waldflächen der Lintorfer und der Saarner Mark.

Wer ein bisschen weg will vom Trubel, der gerade in den Sommermonaten an den Wochenenden herrscht, der kann sich im Wald auch nach Süden begeben. Jenseits der Autobahn wartet viel Natur auf Wanderinnen und Wanderer: Die Rahmer Benden sind ein Niedermoor, durch das der kleine Dickelsbach fließt. Teichrohrsänger, Sumpfmeisen und Rotdrosseln fühlen sich in den Röhrichten wohl, ebenso wie zahlreiche seltene Pflanzen.

Wieder nordwärts unterwegs unterquert man die A 524 auf der Straße „An den Benden". Im Waldgebiet Grindsmark führt der „Weiße Sandweg" vorbei am Kleinen Bruch. Über Neuenbaumsweg und Langelter Weg erreicht man mit dem Haubachsee wieder die Seen-Platte.

Gemütlicher Rundweg um die Seen

Zu Fuß erkundet man die Sechs-Seen-Platte am besten auf einer Runde um Wolfs- und Wildförstersee. Immer am Ufer entlang passiert man verschiedene Rastplätze und Aussichtspunkte – und natürlich den Wolfsberg mit seinem Turm. Dieser Weg ist auch deshalb so interessant, weil er zwischen den Seen immer wieder über Engstellen und Brücken führt, von denen aus die Wasserlandschaft sich in ihrer ganzen Schönheit zeigt. Zahlreiche Bänke laden zum Verweilen ein, und egal, ob man der Sonne beim Auf- oder Untergehen zuschauen möchte: Es findet sich immer eine Bank, auf der man sich gut platzieren kann.

Gastronomie

Haus Seeblick, Strohweg 12, 47279 Duisburg, Tel. 0203/7200029

Vereinsgaststätte ETuS Wedau, Masurenallee 331, 47279 Duisburg, Tel. 0203/721752

Wo sich moderne Kunst und Luchse treffen

Rund um das Schloss und den Kaiserpark in Oberhausen

Kunst und Brücke:
„Slinky springs to fame“

Egal ob man sich über die futuristische Brücke „Slinky Springs to Fame“ oder über den Schlosspark nähert, das Schloss Oberhausen ist einen Ausflug wert. Moderne Kunst trifft hier auf gestaltete Natur und die heimische Tierwelt, gleich in der Nähe gibt es neben dem Westfield Centro auch den Gasometer mit seinen wechselnden Ausstellungen, und wer es lieber natürlich mag, der wandert zum Gleispark Frintrop und zum Gehölzgarten am Haus Ripshorst. Ein Tag ist zu kurz, um all das Spannende zu erkunden. Da heißt es: wiederkommen!

In der Nähe des Gasometers tanzt der „Zauberlehrling“

Anreise Pkw/Parkplatz:
Parkplatz Kaisergarten Oberhausen, Konrad-Adenauer-Allee 59, 46049 Oberhausen

Anreise mit ÖPNV:
Haltestelle Schloss Oberhausen

Barrierefreier Zugang:
zu Park, Tiergarten und ins Museum im Schloss

Das Schloss Oberhausen geht zurück auf den Rittersitz Overhus aus dem späten 12. Jahrhundert; durch die Lage kontrollierte die spätere Wasserburg die Furt an der Emscher. Die Reichsgrafen der Familie Westerholt-Gysenberg residierten aber ab 1770 lieber im Schloss Berge und ließen ihre Gemäuer in Oberhausen verfallen. Anfang des 19. Jahrhunderts wurde dann ein nahegelegenes Wirtshaus vom Architekten August Reinking zu einem klassizistischen Herrenhaus um- und ausgebaut, und die Grafenfamilie bewohnte das Schloss über vierzig Jahre lang. Die ersten Gartenanlagen wurden zu dieser Zeit gestaltet und angelegt.
1884 wurde der Gutsbetrieb eingestellt und die Schlossgebäude wurden vermietet. 1896 ging der Schlosspark in den Besitz der Stadt Oberhausen über, die ihn zu einem Volkspark gestalten ließ. Das

Schloss Oberhausen

Info

„Slinky Springs to Fame“

Seit Juni 2011 wirft es seine 496 Aluminiumbögen über den 50 Meter breiten Rhein-Herne-Kanal: Das Kunstwerk des Frankfurter Künstlers Tobias Rehberger schlängelt sich in Rampen und Bögen auf zehn Meter Höhe. Slinky ist der Name eines Spielzeugs aus einer vielfach gedrehten Metallfeder, und hier sieht es so aus, als sei es locker über den Kanal geworfen worden. Nachts sind die Ringe bunt beleuchtet und erscheinen fast surreal. Aber auch tagsüber macht die Brücke einfach Spaß, zumal die Schritte der Menschen die Konstruktion leicht ins Schwingen bringen.

Schloss folgte 1911, und 1947 wurde dann die Städtische Galerie eröffnet. Das „Kleine Schloss“, die ehemaligen Wirtschaftsgebäude, wurden anfangs der 1950er-Jahre wieder aufgebaut.

Mit viel Liebe wurden über die Jahre die unterschiedlichen Sammlungen und Ausstellungen zusammengetragen, und aus dem Schloss wurde ein Ort der Kunst des 20. Jahrhunderts. Seit 1990 firmiert es als Ludwiggalerie und widmet sich unter anderem der Präsentation von Kunstwerken aus aller Welt zu vier Hauptfragestellungen: die Verbundenheit der Kulturen der Welt über alle räumlichen und zeitlichen Epochen hinweg, Comics und Cartoons, Fotografien sowie Landmarkenkunst des Ruhrgebiets.

Der Anbau, die „Vitrine“, ein gläserner Eingangsbereich, sollte die Sammlungen auch mittels moderner Architektur aufwerten und dem Gebäude neben der klassizistischen auch eine moderne Silhouette verleihen.

Ludwiggalerie, Konrad-Adenauer-Allee 46, 46049 Oberhausen, Tel. 0208/4124928, www.ludwiggalerie.de

In der Nähe

Haus Ripshorst und Gleispark Frintrop

Der Rittersitz aus dem 14. Jahrhundert, Haus Ripshorst, dient heute als Besucherzentrum des Regionalverbands Ruhr und Informationszentrum für den Emscher Landschaftspark. Eine begehbare Bodeninstallation mit mehreren Stationen, die den Landschaftspark vorstellen, ein kleiner Gastronomiebereich und ein Bauerngarten laden zum Besuch ein.

In der Nähe entstand ein Gehölzgarten nach dem Motto „Vom Urwald zum Kulturwald". Wer noch ein Stück weiterwandern möchte kann sich im Gleispark Frintrop bewegen, einem 25 Hektar großen ehemaligen Rangierbahnhofsgelände. Die Verbindung zwischen Gleisen, Schutt und wiederkehrender Natur hat etwas Beruhigendes: die Erkenntnis, dass sich die Natur Industrieflächen wieder zurückerobert – und dies auf ihre ganz eigene Art und Weise.

Haus Ripshorst, RVR-Besucherzentrum, Ripshorster Straße 306, 46117 Oberhausen, Tel. 0208/3770940, www.rvr.ruhr/themen/oekologie-umwelt/startseite-haus-ripshorst
Öffnungszeiten: dienstags bis sonntags, März bis Oktober von 10 bis 18 Uhr und November bis Februar von 10 bis 17 Uhr, Eintritt frei

Ruhe finden im Kaisergarten

Fühlen wie ein Kaiser

Neben dem Schloss ist der Kaisergarten ein Ort der Naturinspiration und vor allem der Entspannung. Nicht nur für Kinder ist es eine Freude, durch das Tiergehege zu spazieren. Der Slogan: „Ich schütze, was ich liebe", wird hier gelebt und umgesetzt. Dabei gilt es vor allem, heimischen Wild- und Haustieren eine artgerechte und individuelle Umgebung und Betreuung zu geben. Und das spüren auch die Besucherinnen und Besucher: Hier werden die Tiere gut behandelt, und manche dürfen auch gefüttert und gestreichelt werden. Das tut nicht nur den Tieren, sondern vor allem den Menschen gut. Egal ob Waschbär, Luchs oder Maus: Im Kaisergarten wird viel Wert auf gutes Miteinander gelegt.

Begonnen hat alles als kleiner Botanischer Garten, der 1935 durch ein fünf Hektar großes Tiergehege erweitert wurde. Im Zweiten Weltkrieg wurde das Schloss Oberhausen bombardiert und zum Wiederaufbau des Kaisergartens um 1950 ein „Arbeitsesel" eingesetzt. Sein Auslauf war der Grundstein für den neuerlich errichteten Tierpark, der vorerst wahllos mit Tieren wie Kamelen, Hängebauchschweinen und Papageien gefüllt wurde. Dies änderte sich 1990, als man sich unter fachkundiger, zoologischer Leitung dazu entschied, sich auf Haltung und Zucht von heimischen Wild- und Haustieren zu spezialisieren.

Ein Oberhausener Wahrzeichen: der Gasometer

Des Kaisers Krone?

Die Schilder an den Gehegen erzählen etwas über ihre Bewohner, und spezielle zoo- und erlebnispädagogische Programme für Kinder bereichern den Besuch. Im Rahmen der NaturErlebnisSchule werden Veranstaltungen für Kinder und Erwachsene angeboten.
Geöffnet von 10 bis 19 Uhr, wenn die Sommerzeit gilt, sonst von 10 bis 17 Uhr, Tel. 0208/3770612. Der Eintritt ist kostenlos.
www.tiergehege-kaisergarten.de

Zwischen Industrie und Natur

Wer zum Gasometer oder zur Neuen Mitte möchte, geht die knapp 1000 Meter entlang des Rhein-Herne-Kanals. Der Gasometer stellt eine ganz besondere Landmarke und ein Wahrzeichen der Region dar und ist die größte Ausstellungshalle Europas, mit wechselnden Ausstellungen. Wer lieber Action- und Shopping mag, der kann zum Westfield Centro mit seinen Shops und Freizeiteinrichtungen spazieren. Es geht aber auch ganz naturnah: Haus Ripshorst mit seinem Gehölzgarten und dem Gleispark Frintrop liegt noch hinter dem Gasometer und ist etwa drei Kilometer vom Kaisergarten entfernt – immer am Kanal entlang. Auf dem Rückweg am besten den Kanal überqueren und bis zur Slinky-Brücke zurückwandern.

Gastronomie

Schlossgastronomie Kaisergarten, Konrad-Adenauer-Allee 48, 46049 Oberhausen, Telefon 0208/290220, www.kaisergarten.de
Kleines Lesecafé im Kleinen Schloss der Ludwiggalerie, Öffnungszeiten: dienstags bis sonntags 11 bis 17.30 Uhr
Bootshaus Oberhausen, Konrad-Adenauer-Allee 75, 46049 Oberhausen, Telefon 02045/8959776, www.bootshaus-oberhausen.de

In der Nähe

Der Gasometer

In den 1920er-Jahren hatte die Schwerindustrie das Gebiet um Oberhausen fest im Griff: Fördertürme, Kokereien und Eisenhütten prägten die Landschaft.

Im Februar 1927 wurde mit dem Bau des Gasometers begonnen: 117,5 Meter hoch und 67,6 Meter im Durchmesser. Nach etwa zwei Jahren Bauzeit stand der damals größte Gasspeicher Europas neben dem Rhein-Herne-Kanal und beeindruckte als Meisterwerk der Ingenieurskunst.

Im Krieg und durch einen Brand teilweise zerstört wurde er 1949 wiederaufgebaut. Wegen der Schließung der Zechen und der vermehrten Nutzung von Erdgas wurde der Gasometer 1988 stillgelegt.

Als beeindruckendes Wahrzeichen der Stadt Oberhausen und als Ankerpunkt der Route der Industriekultur ist die „Kathedrale der Industrie" heute für die Öffentlichkeit zugänglich.

Mit wechselnden Ausstellungen zu verschiedenen Themen ist der Gasometer auch wichtiger Veranstaltungsort. Als Meilenstein europäischer Industriekultur lohnt sich ein Besuch des Gebäudes und der Ausblick in die Umgebung von der Panoramaplattform auf dem Dach.

Informationen zum Besuch des Gasometers unter www.gasometer.de

Viel mehr als nur eine schöne Aussicht

Auf die Halde Haniel und in den Köllnischen Wald

Mystik mitten im Ruhrgebiet

Ohne Zweifel könnte es der beeindruckende Ausblick ins Ruhrgebiet sein, welcher sich auf der Halde Haniel hervortut. Doch es ist etwas anderes: Der „heilige“ Berg besticht mit seinen Kunstwerken genauso wie mit der von Menschenhand angelegten Natur. Wer sich auf ihm bewegt, ist wie ein Wanderer durch die Zeiten des Bergbaus und der vielfältigen spirituellen Antworten des Menschen auf die Fragen: „Warum sind wir hier – und wo gehen wir hin?“ Totems und Kreuzweg geben unterschiedliche Antworten. Wem das alles zu philosophisch ist, der lässt einen Drachen steigen, fährt mit dem Rad die steilen Hänge hinunter oder geht zum Waldbaden an den urwüchsigen Spechtsbach im Köllnischen Wald.

Anreise Pkw/Parkplatz:
Aufgang West: Kirchhellener Straße, 46145 Oberhausen,
Aufgang Kreuzweg: Birkhahnstraße 29, 46145 Oberhausen,
von Norden: Parkplätze an der Grafenmühle, 46244 Bottrop

Anreise mit ÖPNV:
Aufgang Kreuzweg: Haltestelle Oberhausen-Kleekamp,
von Norden: Bottrop-Grafenmühle

An der Stadtgrenze zwischen Bottrop und Oberhausen steht am Rande des Köllnischen Waldes die Halde Haniel, mit 184,9 Metern Höhe die zweithöchste Bergehalde des Ruhrgebiets – und die höchste ständig zugängliche. Das Bergematerial stammt zum größten Teil aus den Zechen Prosper-Haniel I und II.

Neben dem grandiosen Ausblick auf das Ruhrgebiet finden sich auf dem Gipfel Kultur, Kunst und Religion zusammen und verbinden sich zu einem imposanten Erlebnis.

Zu Ehren des Besuches von Papst Johannes Paul II. 1987 wurde ein Kreuz aus Spurlatten angefertigt, welches 1992 auf dem damals höchsten Punkt der Halde aufgestellt wurde.

1993 folgte die Installation des 15 Stationen umfassenden Kreuzweges, gestaltet von der Ordensfrau und Künstlerin Tisa von der Schulenburg. In Kupfertafeln geätzte Federzeichnungen des Leidensweges Christi in Verbindung mit Bergbaugerätschaften.

Auf der Nordseite der Halde auf einer Höhe von 125 Metern liegt geschützt vom halbrunden Wall, auf dem die Totems stehen, die Bergarena. Sie dient als Freiluftbühne für Opern und Theaterstücke und

Die bunten Totems sind Anziehungspunkt für Jung und Alt und ein beliebtes Fotomotiv.

bietet Platz für circa 800 Besucher. Doch auch ohne Aufführung lohnt es sich, dieses Halbrund zu besuchen und sich dort vielleicht sogar zu einer eigenen künstlerischen Idee inspirieren zu lassen: Nicht selten wird hier fotografiert oder auch einmal ein Liedchen angestimmt. Informationen zu Veranstaltungen gibt es unter www.bottrop.de

2002 wurde die Installation „Totems" des baskischen Künstlers Agustín Ibarrola geschaffen. Mit seinen über einhundert bunt gestalteten Bahnschwellen verbindet er laut eigener Aussage die scheinbaren Gegensätze von Industrieraum und Natur. Auf einer nachträglich aufgeschütteten, sichelförmigen Anhöhe, die als Windschutz für die Arena dient, stehen die farbigen Totems. Sie ragen in die Höhe und stehen wie eine Begrenzung gegen den Himmel. Den Besuchern, die sich auf dem Gipfel einfinden ist anzusehen, dass jede und jeder auf je eigene Art beeindruckt ist. Die farbigen Stelen, die neben dem unglaublichen Ausblick ins Ruhrgebiet an die enge Verbindung von schwerer Arbeit und kargem Leben der Menschen in dieser Region erinnern, berühren irgendwie jeden.

Von den Totems zum Spechtsbach

Die Halde Haniel ist nicht nur hoch, sondern auch in der Ausdehnung sehr ausladend. Schon wer sich nur auf ihr bewegen möchte, hat schon einiges an Strecke zu absolvieren, allein aufgrund der Höhe wird es eher eine kleine Wanderung als ein Spaziergang. Es empfiehlt sich also, gutes Schuhwerk zu tragen, da die Wege oft uneben und im An- und Abstieg steil sind.

Kontrastprogramm am Spechtsbach

Am schönsten ist es, die Halde entlang des Kreuzwegs zu besteigen. Dazu folgt man gleich vom Parkplatz dem Weg nach oben bis zu den Totems. Wer eine lange Wanderung machen möchte, kann von dort wieder nach Westen absteigen, auf dem Querweg ein Stück auf gleicher Höhe zurückgehen, um dann im spitzen Winkel bei nächster Gelegenheit nach rechts abzubiegen. Der Weg führt immer leicht bergab um die Nordseite der Halde herum bis an ihren Fuß. Dort trifft man an einer Kreuzung auf einen Wanderweg, der von hölzernen Geländern flankiert ist.

Von hier aus wandert man entweder nach links und um den ganzen Berg herum zum Ausgangspunkt. Oder man wendet sich nach rechts. Hinter der Brücke rechts und an der nächsten Kreuzung links abgebogen, erreicht man den Köllnischen Wald. Für eine Weile geht es geradeaus durch den Wald und dann am Querweg für wenige Meter links, nur um dann gleich rechts am Bach entlang durch den nun ursprünglichen Wald zu wandern.

Der nächste Querweg führt nach links auf die Halde Schöttelheide zu. Hier geht man nach links wieder auf die Halde Haniel zu, oder man nimmt noch den Bogen um die kleinere Schöttelheide herum.

Gastronomie

Diverse in Bottrop-Grafenmühle

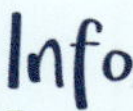

Naturschutzgebiet Köllnischer Wald und Spechtsbach

Das Naturschutzgebiet Köllnischer Wald besteht zum Großteil aus Rotbuchen, und in den Spechtsbachauen dominieren die Eichen. Der seltene Schwarzspecht braucht vor allem alte und starke Buchen, um seine großen Baumhöhlen zu bauen. Am Boden fühlen sich neben dem Feuersalamander auch Erdkröten, Teichmolche und Grasfrösche in den feuchten Buchenwäldern wohl.

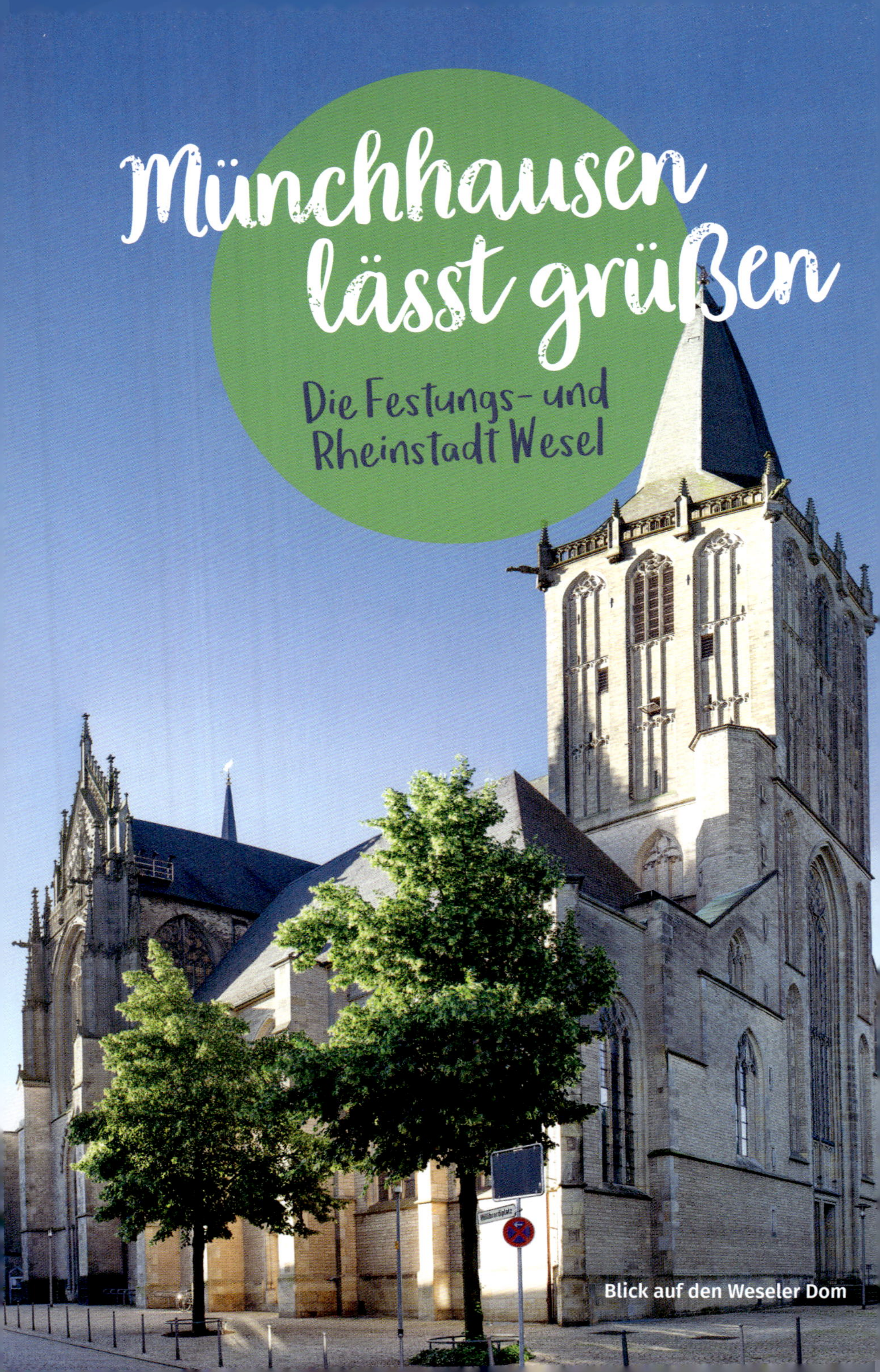

Blick auf den Weseler Dom

Wesel ist jederzeit einen Ausflug wert: Das fand auch Freiherr Karl Friedrich von Münchhausen – ja, genau: der Münchhausen. Seine Familie hatte zahlreiche Beziehungen zur Stadt Wesel, was eine riesige Grabplatte im Dom beweist. Und dieser spezielle Sohn der Sippe weilte oft am Rhein und kannte sich bestens aus. Eine seiner berühmten Geschichten spielt in der Zitadelle und handelt von Eisenwürmern, die sich durch alle Kanonen der Garnison fressen. Egal, ob am Rhein, an der Festung oder am Willibrordi-Dom: Wen treffen wir außer Münchhausen ständig? Den berühmten Esel von Wesel!

Ein Tor zur Festung

Anreise Pkw/Parkplatz:
zahlreiche Parkplätze in 46483 Wesel

Anreise mit ÖPNV:
Bahnhof Wesel

Weitgehend barrierefrei

Eine bronze- und steinzeitliche Besiedelung im Gebiet von Wesel ist schwer nachzuweisen, da Rhein und Lippe häufig ihr Flussbett wechselten. Doch anzunehmen ist, dass die Region schon vor dem Einfallen der Römer um 100 v. Chr. besiedelt war. Die bauten auf der linken Rheinseite ein Militärlager, und vielleicht war Wesel schon damals ein Wachtposten auf der anderen Seite. Wirklich nachgewiesen ist eine Besiedlung erst nach der Völkerwanderung, um die Zeit von Karl dem Großen, als die Franken das Land eroberten. Funde unter dem heutigen Dom weisen eine Kirche aus dem 8. Jahrhundert nach.
1065 erschien der Name Wesel dann erstmals auf einer Urkunde. Schon 1241 erhielt der Ort das Stadtrecht und wurde bald darauf erfolgreicher Handels- und Umschlagplatz, trat der Hanse bei und sicherte so seine guten Geschäfte. Doch Erfolg zieht Neider an, und so wurde die Stadt im Laufe des 17. Jahrhunderts mehrmals belagert und besetzt – und schließlich von einer florierenden Handelsstadt zur Festungs- und Wehrstadt, die sie über 300 Jahre und auch in den beiden Weltkriegen des 20. Jahrhunderts blieb: Diese Zeit prägt das Bild der Stadt auch heute noch.

Überall in der Stadt: der Esel von Wesel

Wesel und ihre Befestigungen waren über die Jahrhunderte den ständig wechselnden Herrschaftsverhältnissen am Niederrhein ausgesetzt. So zeigt sich die Zitadelle heute über die unterschiedlichen Baustadien hinweg geprägt von zuerst brandenburgischen, dann preußischen und schließlich französischen Baustilen: Erbaut wurde sie 1687 von Kurfürst Friedrich Wilhelm von Brandenburg auf Drängen der niederländischen Verbündeten, um eine Bastion und Versorgungsbasis gegenüber Frankreich zu errichten. Die Zitadelle war nicht nur Wehranlage für die unterschiedlichen politischen Machthaber, Gefängnis für Verbrecher, Kriegsgefangene und politische Häftlinge, sondern auch Vorratslager und Basisstation – wie die Geschichte vom Baron Münchhausen auf ironische Art und Weise erzählt.

Reste der alten Eisenbahnbrücke

Nach dem Ersten Weltkrieg wurde die Wehranlage entfestigt, und die verbliebenen Gebäude beherbergen heute unter anderem das Stadtarchiv, die Musik- und Kunstschule der Stadt Wesel und das LVR-Niederrheinmuseum mit Dauer- und Sonderausstellungen.

Tipp

LVR-Niederrheinmuseum Wesel, An der Zitadelle 14–20, 46483 Wesel, Telefon 0281/33996-0, www.niederrheinmuseum-wesel.lvr.de, Öffnungszeiten: dienstags bis sonntags 11 bis 17 Uhr, montags geschlossen. Jeden ersten Freitag im Monat freier Eintritt.

„Vom Eisenwurm in den einhundertfünfundvierzig Weseler Kanonen und dessen gründliche Vertilgung durch Fliegenpilze."

... Als ich am Morgen zeitig zur Zisterne eilte, schwammen in dem noch warmen Öle neben den zu Brei gekochten Fliegenpilzen Hunderte von zolllangen dünnen Stäbchen von hellgrüner Farbe, zum Teil ins Gelbliche, zum Teil ins Blaue schillernd. Ich fischte mir ein paar heraus. Es waren dies unzweifelhaft Überreste der zerkochten und zerweichten Eisenwürmer, die wie maigrüne Regenwürmerstücke aussahen; aber an der Luft vollständig zerflossen. Da lenkte ein sehr leiser, klagender Ton mein Auge seitwärts, und am Rande der Zisterne sah ich zwei noch lebende, einen Viertelfuß lange Exemplare des richtigen Eisenwurms halb aufgerichtet und aneinander gelehnt sitzen ... Von Zeit zu Zeit traten aus dem einen Körperende plötzlich eine Art von brennendroten Fühlhörnern hervor, die wie kleine Feilen aussahen und nach mehrmaligem Hin- und Herzucken wieder eingezogen wurden ... da kamen mehrere Offiziere in lautem Gespräche herbei. –

Dadurch erschreckt, richteten sich die beiden Würmer in die Höhe, und mit einem leisen, aber schrillen Wehlaut stürzten sie sich ... in den Ölbrei. Ich teilte den Kommenden meine Beobachtung mit, und sogleich wurden drei Kompanien zum Ausschöpfen des giftigen Breies herbeigerufen. – Wir fanden aber kein Tierchen mehr, alles war zerweicht! ... es hat sich nie mehr eine Spur des Eisenwurms gezeigt! Die durch ihn erzeugte Zerstörung der Geschütze hatte aufgehört. –

Die Kanonen freilich sahen eine Zeitlang so aus, als hätten sie die Pocken oder Kinderblattern gehabt, – aber nach Anwendung einer von mir erfundenen Eisensalbe füllten sich im nächsten Frühjahr wunderbarerweise alle Blatternarben, das heißt sämtliche Bohrlöcher der Eisenwürmer vollständig aus; was eigentlich meine eigene Erwartungen übertraf. Die mir vom Staate als Belohnung angebotene halbe Million Taler habe ich bescheiden abgelehnt ...

Auszug aus: Münchhausen. Seine Reisen und Abenteuer, von E.D. Mund. Loewes Verlag, 71. Auflage, Stuttgart 1927, S. 149 bis 157, „Achtzehnter Abend".

Unterwegs auf dem Glacisweg

Info

Badesee und Naturschutzgebiet: der Auesee

Der Auesee ist einerseits ein Freizeitsee mit Wassersportmöglichkeiten wie Tauchen, Segeln und Surfen, andererseits ist er ein Naturschutzgebiet, in dem viele verschiedene Wassertiere leben: Flussbarsche, Rotfedern und Hechte, Muscheln und Krebse genauso wie zahlreiche seltene Pflanzenarten. Ein schönes Strandbad mit groß angelegter Liegewiese und Beachvolleyballplätzen lädt zum Sonnenbaden ein. Entstanden ist der See mit seiner Tiefe von fast 18 Metern in den 1980er-Jahren durch Kiesaushebung in den Rheinwiesen. Er gehört heute zu den saubersten Seen in Nordrhein-Westfalen. Seine Wasserqualität wird ständig kontrolliert, und so fügt sich der Baggersee wunderbar harmonisch in die Auelandschaft und bietet auf seinen Vogelschutzinseln den Wasservögeln ungestörte Brut- und Lebensräume. Der Zugang zum Auesee ist grundsätzlich kostenlos. Hunde sind im Strandbad nicht erlaubt. Informationen unter Telefon 0281/27229. Parkplatz Rhein-Wesel, Rheinpromenade, 46487 Wesel

Spaziergang: Durch die Festungsstadt

Wesel lässt sich perfekt zu Fuß oder mit dem Fahrrad erkunden. Vom Bahnhof aus führt die Wilhelmstraße auf das Berliner Tor zu. Dahinter beginnt die lebhafte Fußgängerzone, die zum Willibrordi-Dom hin leitet. Dort starten an der Touristen-Information verschiedene Spaziergänge: einer um das Glacis, die ehemalige Festung herum, einer durch die Stadt und einer um den Auesee. Am interessantesten und abwechslungsreichsten ist die Kombination: Zunächst geht es zum Rhein und an der im Zweiten Weltkrieg von den Deutschen zerstörten Rheinbrücke vorbei zum Auesee. Dann hält man sich vom Strandbad kommend an dessen östlichem Ufer, bis man hinter dem Hundeauslaufplatz an der Gabelung rechts geht, den Auedamm überquert und auf dem Deich nach links wandert. Nachdem die kleine Straße und die Gleise überquert sind, führt die „Alte Delogstraße" Richtung Innenstadt. Jenseits der vierspurigen Straße geht es an der Fluthgrafstraße 12 nach links in den Grüngürtel, nunmehr auf der Tour 2, „Durchs Glacis".

Das Berliner Tor

Die Spazierwege sind als GPX-Daten und auch als Faltblatt mit zahlreichen Informationen verfügbar unter: www.wesel-tourismus.de/mark/themen/rubrik-rundwanderwege/

Gastronomie

Cafeteria im LVR-Niederrheinmuseum Wesel
Diverse in der Weseler Innenstadt und am Rhein

Idyllisches Raesfeld

Nein, wenn man es ganz genau nimmt, dann führt dieser Ausflug nicht ins Ruhrgebiet, sondern in den Kreis Borken. In diesem Fall ist aber eine Ausnahme erlaubt, und zwar nicht, weil das Schloss so sehenswert, der Ort so einladend und die Natur im historischen Tiergarten so außergewöhnlich schön ist. Sie ist erlaubt, weil Raesfeld der offizielle Sitz des Naturparks Hohe Mark ist, der in seinen größten Teilen zum Ruhrgebiet gehört. Vor allem Familien mit Kindern, die Lust haben, zusammen in der Natur zu toben und zu spielen, sind in Raesfeld richtig. Und dieses Schloss werden auch die Kleinen lieben – versprochen!

Im Tiergarten

8

Anreise Pkw/Parkplatz:
Wanderparkplatz Naturparkhaus, Hagenwiese,
46348 Raesfeld

Anreise mit ÖPNV:
Bushaltestelle Raesfeld, Schloss

Ein See umgibt das Wasserschloss.

Es gibt keine Alternative: Der erste Weg muss zum Schloss führen, und am besten auch darum herum. Wie ein Magnet zieht es die Besucherinnen und Besucher an und entlässt sie erst wieder für was immer sie vorhaben, nachdem es ausführlich bewundert wurde. Schloss Raesfeld erstrahlt heute im Renaissance-Stil, weil das eigentlich im 12. Jahrhundert als Erdhügelburg in sumpfigem Gelände begründete Gebäude im 17. Jahrhundert von Alexander II. von Velen entsprechend umgebaut wurde. Als das Geschlecht von Velen ausstarb, drohte auch das Schloss unterzugehen. Drei der vier Flügel sind verloren gegangen. Doch auch, wenn nur der Westflügel mit dem höchsten Turm aller westfälischen Schlösser (52,5 Meter) noch steht – Schloss Raesfeld auf seiner vom Wassergraben umgebenen Insel ist eine wahre Schönheit: Sie erstrahlt in neuem Glanz, weil nach dem Krieg die Handwerkskammer des Landes Nordrhein-Westfalen als neuer Besitzer auftrat und das Schloss in eine Fort- und Weiterbildungseinrichtung umbaute.

Blick in die Vergangenheit

Um das Schloss gruppieren sich die teils historischen Gebäude der alten Schlossfreiheit. Mit Blick auf die kleinen Häuschen und Gassen lässt sich noch das Mittelalter erahnen. Nicht ganz so weit zurück führt das kleine Museum gleich gegenüber dem Torbogen: „Raesfeld 1939 bis 1945“ ist die Dokumentation überschrieben, die das Leben während des Krieges in Erinnerung ruft.
Geöffnet ist das Museum von Karfreitag bis Ende Oktober an Wochenenden und feiertags, sowie für Gruppen nach Absprache. Informationen unter Tel. 02865/60910 oder 0152/33990881.
Bevor nun der Wald und der Tierpark locken, lohnt sich ein Blick in die Schlosskapelle, die jenseits des Wassergrabens errichtet worden ist. Sehenswert ist nicht nur der barocke Altar, sondern auch das sogenannte „Bleierne Herz“: In dem Gefäß aus Blei wird das Herz des letzten Reichsgrafen, Christoph-Otto von Velen, aufbewahrt. Es befindet sich in einer Wandnische im Chorraum.

Frontansicht auf das Schloss

Tipp

Rallye oder Spaziergang gefällig?

Für Kinder hält die Tourist-Info im Naturparkhaus eine Tiergartenrallye bereit. Wer einfach nur einen Spaziergang machen möchte, für den führen vier Wege von einem bis gut fünf Kilometern Länge durch den Tiergarten. Eine Karte und die Fragen sind zum Ausdrucken im Internet verfügbar. Bitte Suchbegriff „Rallye“ eingeben unter www.naturpark-hohe-mark.de

Tiergarten im Stil der Renaissance

Gleich am Waldrand, direkt hinter dem Schlossgraben, befindet sich das Naturparkhaus. Mit seiner Fassade aus Holz und Glas passt es sich hervorragend ein in den faszinierenden Wald rund um Raesfeld. Allerdings wartet hier nicht nur die auch ohne besondere Angebote äußerst attraktive Natur des Parks. Hinter dem Naturparkhaus lockt vor allem der zur Zeit der Renaissance gestaltete und Anfang dieses Jahrtausends nach alten Plänen wiederhergestellte Tiergarten.
Reichsgraf Alexander II. von Velen, der auch das Schloss hatte umbauen lassen, ließ ab 1653 den rund 100 Hektar großen Tiergarten anlegen. Damals wurde er von einem fünf Kilometer langen Palisadenwall umgrenzt, damit auch Großwild gehalten werden konnten. Setzte man damals ganz modern auch auf exotische Tiere, folgt das heutige Konzept, ebenfalls ganz modern, wildbiologischen Konzepten – Rot- und Damwild wurden 2004 wiederangesiedelt in dem Garten, der ansonsten noch auf der historischen Grundlage fußt. Der Park ist durch sechs Tore zugänglich, der Eintritt ist frei.

Im Naturparkhaus gibt es Infos rund um den Naturpark Hohe Mark.

Eine Beobachtungskanzel im Tiergarten

Tipp

Abenteuer pur: Naturerlebnisgelände

Familien lockt aber noch etwas Besonderes nach Raesfeld: ein 5000 Quadratmeter großes Naturerlebnisgelände mit einem Niedrigseilgarten, Balancierpfaden, Astbaustellen und vielen anderen Möglichkeiten, in und mit der Natur zu spielen.

Gastronomie

Mahl & Meute, Freiheit 27 (Schlosshof), 46348 Raesfeld, Tel. 0286/20440, www.mahlundmeute.de

Freiheit 24, Freiheit 24, 46348 Raesfeld, Tel. 02865/6094631, www.freiheit-24.de

Restaurant zur Schlosskapelle, Freiheit 17, 46348 Raesfeld, Tel. 02865/3515490, www.zur-schlosskapelle.de

Freiheiter Hof, Freiheit 6, 46348 Raesfeld, Tel. 02865/6033400, www.freiheiter-hof.de

Mystik und Geschichte

Wallfahrtskirche Annaberg und Römermuseum in Haltern

Die Architektur soll an die Zelte der Legionäre erinnern.

Für die Verantwortlichen des LWL-Römermuseums ist es klar, dass das legendäre Römerlager Aliso in Haltern am See lag. Und auch wenn die Legion in der Varusschlacht unterging, das Lager konnte verteidigt werden, den letzten Soldaten gelang durch eine List die Flucht. Ein geschichtsträchtiger Platz also, genauso wie der nahegelegene Annaberg, auf dem die römischen Funde allerdings bei weitem nicht die ältesten sind: Jungsteinzeitliche und bronzezeitliche Siedlungen sind hier belegt. Hinzu kommen eine heilige Quelle und ein bis heute beliebter Wallfahrtsort. Nein, auf dem Annaberg herrscht kein Trubel, es lockt kein Spielplatz und noch nicht einmal mehr eine Gaststätte. Während das Römermuseum ein lebendiger Ort für die ganze Familie ist, eignet sich der Annaberg vor allem für jene, die ein Faible für mystische Plätze haben.

Anreise Pkw/Parkplatz:
Wanderparkplatz Annaberg, Annaberg, 45721 Haltern am See/ LWL-Römermuseum, Weseler Straße 100, 45721 Haltern am See

Anreise mit ÖPNV:
Vom Halterner Bahnhof mit der Linie 298 zu den Haltestellen Römermuseum und Annaberg

Besonderheit:
Der Annaberg liegt unmittelbar neben der A43. Ein Kurzbesuch ist also sehr gut auch auf der Durchreise möglich.

Barrierefreier Zugang:
in die Wallfahrtskirche und ins Römermuseum

Auf dem Annaberg, einem kleinen Ausläufer der Hohen Mark westlich der Stadt Haltern, steht die Annabergkapelle. Die Kapelle, die Anna, der Mutter Marias, geweiht ist, wurde erstmals 1378 urkundlich erwähnt. In unmittelbarer Nähe der Kapelle befindet sich eine Quelle. Sie sei 1566 hervorgesprudelt, heißt es in der Pfarrchronik, und ein Kranker, der sich darin gewaschen hatte, sei geheilt worden. Von da an, so steht es dort weiter, begann ein „tholoep tho werden". Und dieser Zulauf brach nie mehr ab, bis heute nicht. Zu jeder Jahreszeit und bei jedem Wetter sind an der Kapelle und an der nahen Mariengrotte die Zeugnisse der Pilgerinnen und Pilger zu besichtigen: brennende Lichter, frische Blumen, Dankplaketten und Figuren. Der Annaberg ist bis heute für viele ein wichtiger Wallfahrtsort. Die Annabergkapelle besteht aus zwei Teilen, nämlich einem kleinen Saalbau von 1674 und einer einschiffigen Erweiterung aus dem Jahr 1791. Das Gnadenbild eines unbekannten niederrheinischen Meisters aus dem 15. Jahrhundert zeigt Anna mit ihrer Tochter Maria und ihrem Enkel Jesus. Anna Selbdritt heißt diese Art der Darstellung. Diese Figur verbindet die Annabergkapelle auch mit der nahen

Immer mit Blumen geschmückt: die Mariengrotte

Stadt Haltern. Eine Anna Selbdritt findet sich auch in der Halterner Fußgängerzone, gleich neben der Muttergottesstiege.

1969 ergänzte man die Kapelle durch eine Pilgerkirche einen modernen, lichtdurchfluteten Anbau, der sich zum Vorplatz hin öffnet, wo früher bei jedem Wetter die größeren Wallfahrtsgottesdienste im Freien stattfanden. Dort steht seit 1981 eine Bronzesäule, die an den oberschlesischen Annaberg erinnert. Nach dem Krieg fanden viele oberschlesische Flüchtlinge religiöse Heimat in Haltern, nachdem sie zu ihrer Anna Selbdritt nicht mehr gelangen konnten.

Tipp

Führung: Der Annaberg und seine Geschichte

Das Tourismus-Büro der Stadt Haltern bietet eine Führung auf dem Annaberg an. Buchbar im Alten Rathaus, Markt 1, 45721 Haltern, Tel. 02364/933-365 oder -366. E-Mail: stadtagentur@haltern.de

Die alte und die neue Wallfahrtskirche von oben

Einen besonderen Ort erkunden

Den Annaberg erkundet man am besten auf dem Kreuzweg. Auch wer sich nicht besinnlich zwischen den 14 Stationen am Brunnen vorbei den Berg hinauf und dann hinunter zur Mariengrotte bewegt, bekommt hier einen Einblick in die Natur der Hohen Mark und die spezielle Natur an diesem besonderen Ort, geprägt von zahlreichen Eiben.

Bereits sehr früh haben sich hier Menschen angesiedelt, Funde belegen eine Besiedlung schon in der Jungsteinzeit, etwa 2000 Jahre vor unserer Zeitrechnung. Aus der späten Bronzezeit wurden beim Bau der Autobahn 1978 Urnengräber gefunden. Interessanterweise sind auch aus römischer Zeit Gräberfelder zwischen dem Annaberg und dem Standort des heutigen Römermuseums belegt.

Info

Die Eibe – Friedhofs- oder Lebensbaum?

Zahlreiche Eiben wachsen auf dem Annaberg, und wer sich auf den Kreuzweg macht, wandert in ihrer Begleitung. In der Literatur und der Mythologie wird die Eibe oft mit dem Tod in Verbindung gebracht, vielleicht auch, weil alles an ihr giftig ist, außer der roten Hülle ihrer Scheinbeeren. Bis heute ist sie ein Friedhofsgewächs. Dabei galt sie in vorchristlicher Zeit als Baum der Wiedergeburt und des Lebens nach dem Tod. In den keltisch geprägten Ländern Irland, England und in der Bretagne dürfen bis heute die zahlreichen Eiben auf Friedhöfen nicht angetastet werden, weil der Volksglaube besagt, dass aus jedem Toten eine ihrer Wurzeln herauswachse.

Früher wurde der Baum intensiv genutzt, insbesondere zu der Zeit, als es noch keine Feuerwaffen gab: Die gesamte englische Armee etwa war mit Bögen aus Eibenholz ausgerüstet, das genau die richtigen Eigenschaften für einen Bogen aufbringt, nämlich flexibel und stark gleichzeitig zu sein. Sogar der botanische Name „Taxus baccata“ leitet sich von dieser Verwendung ab, denn das griechische Wort für Bogen lautet „toxon“. Interessant, dass sich also letztlich das Wort „toxisch“, das sich heute in der Medizin für giftig eingebürgert hat, mit der Eibe in Verbindung bringen lässt. Und zwar nicht nur, weil der Baum an sich so giftig ist, sondern auch, weil die Römer behaupteten, dass die Germanen die Spitzen ihrer Pfeile aus Eibenholz zusätzlich mit Eibengift versehen haben sollen. Wer weiß: Vielleicht haben sie ja damit die Römer wieder aus der Region rund um Haltern vertrieben.

Ein Museum lässt Geschichte auferstehen

Haltern war einst einer der wichtigsten Stützpunkte, von denen aus Germanien rechts des Rheins erobert werden sollte. Die Römer waren zwischen 11 vor und 16 nach Christus vom Rhein der Lippe entlang zum Annaberg gekommen. Eine der Legionen, die hier stationiert war, ging später in der legendären Varusschlacht unter. Genau an der Stelle, an der die Römer einst das Lager Aliso errichteten, steht heute wieder eine Römerlager: die „Römerbaustelle" des LWL-Römermuseums, ein nach historischen Erkenntnissen detailgetreuer Nachbau des Lagers, lässt die Größe, die Bauweise und die Ausmaße der einstigen Gebäude wiedererstehen und erfahrbar werden.

Hinzu kommt das LWL-Römermuseum, das mit seinen spitzen Glasdächern an die Zelte der Legionäre erinnern soll. Das Museum entführt in die Zeit der Römer und Germanen und ist mit allen modernen Möglichkeiten ausgestattet, um die Geschichte anschaulich und auch für Kinder und Jugendliche greifbar und verständlich aufleben zu lassen – und natürlich um die zahlreichen Funde aus dem Lager Aliso zu präsentieren.

Das Museum lässt die Römerzeit lebendig werden.

Geschichte zum Anfassen

Tipp

Ganz neu ist das Wachhaus, das die Wissenschaftlerinnen und Wissenschaftler rekonstruieren konnten. 2022 eröffnet, bietet es Gruppen ein besonderes Erlebnis: In einem „Römer-Escape-Room“ können sie die letzten Stunden des einstigen Lagers nacherleben, als die letzten Legionäre sich mit einer List befreien und zum Rhein retten konnten …
LWL-Römermuseum Haltern am See, Weseler Straße 100,
Tel. 02364/9376-0, www.lwl-roemermuseum-haltern.de

Gastronomie

Museumscafé im LWL-Römermuseum
Diverse in Haltern

Farbenpracht in der Westruper Heide

Die Westruper Heide ist bei jedem Wetter und zu jeder Jahreszeit ein wunderschönes Ziel. Vor allem aber natürlich, wenn im Sommer die Heide blüht. Dann kann es allerdings auch schon einmal richtig voll sein. Kein Wunder, lässt der rote Pflanzenteppich doch die Heide erstrahlen. Verdeckt wird der Blick auf die kleinen Dünen nur von den die Fantasie anregenden Formen der Wacholdersträucher. Einst bewirtschaftet von Heidebauern bietet die Landschaft heute zahlreichen seltenen Arten Lebensraum. Jenseits der Hullerner Straße befindet sich im Sommer ein ganz anderer Lebensraum: Strand, Biergarten, Spaß für die ganze Familie. Und auch die Stadt Haltern oder das LWL-Römermuseum lassen sich hervorragend mit einem Besuch der Westruper Heide verbinden.

Anreise Pkw/Parkplatz:
Wanderparkplätze „Hohe Niemen“, Hullerner Straße (hinter dem Klettergarten) auf beiden Seiten der B58

Anreise mit ÖPNV:
Bushaltestellen Seehof oder Haus Niemen

Auch wenn man sich nicht wundern würde, wenn hinter der nächsten Düne plötzlich das Meer zu sehen wäre – eines sollte man beim Besuch der Westruper Heide wissen: Diese schöne und wild anmutende Landschaft ist das Ergebnis intensiver landwirtschaftlicher

Tipp

Heideführungen

Wer die Heide genauer kennenlernen möchte, kann sich einer öffentlichen Führung anschließen oder einen persönlichen Termin vereinbaren. Danach wartet dann noch der Besuch im „Kleinsten Heidemuseum der Welt". Alle Informationen unter: www.westruper-heide.de

Nebelstimmung in der Heide

Nutzung. Ihre Existenz wäre im Übrigen wahrscheinlich längst beendet, würde nicht bis heute nach einem genauen Plan alles dafür getan, ihr – eigentlich natürliches – Verschwinden zu verhindern, das permanent durch nachwachsenden Wald droht.
Schon seit 1937 steht die Heide unter Naturschutz und ist mit ihren 90 Hektar die größte Zwergstrauchheide Westfalens. Die Wacholdersträucher erinnern in ihren individuellen Formen oft an Figuren und regen die Fantasie an. Und auch wenn man die zahlreichen tierischen Bewohner der Heide oft gar nicht zu Gesicht bekommt: zwischen Besenheide und Wacholder haben sich seltene Pflanzen und Tiere angesiedelt.
Aus diesem Grund werden Besucherinnen und Besucher dringend gebeten, sich an die Wege zu halten.

Haltern – liebenswerter Stadtkern

In der Halterner Innenstadt

Wer als (Tages-)Tourist nach Haltern kommt, kommt meist wegen der Seebäder oder wegen der Wälder. Doch die kleine Stadt ist selbst sehr einladend. Historische Gebäude wie das alte Rathaus oder der Siebenteufelsturm (beide aus dem 16. Jahrhundert), der historische Kirchplatz, kleine Geschäfte, nette Cafés, Kneipen und Restaurants geben Haltern eine besondere Atmosphäre, die einen Besuch in der Innenstadt lohnt.
Dabei kann die Stadt auf eine 2000-jährige Geschichte zurückblicken, deren Anfänge bis in die Römerzeit reichen. Daran erinnert das kleine aber feine LWL-Römermuseum (siehe Seite 78).

Info

Action und Entspannung im und am Wasser

Der Halterner Stausee lockt Wassersportler aus der ganzen Umgebung. Und das Seebad punktet mit seinem etwa 800 Meter langen Naturstrand. Geöffnet ist vom 15. Mai bis 15. September montags bis sonntags – aber nur, wenn das Wetter es hergibt. Auf der Internetseite oder telefonisch kann man sich jeweils schon am Vortag über die Öffnungszeiten erkundigen.

Seebad Haltern,
Hullerner Str. 52,
45721 Haltern am See,
Tel. 02364/2539,
www.seebad-haltern.de

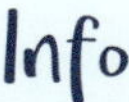

Nachfolgerin für die Möwe

Auch wenn die gute alte Möwe 2021 in Rente gegangen ist, weiterhin wird es auf dem Halterner Stausee ein Fahrgastschiff geben. Welchen Namen es tragen würde, war bei Drucklegung dieses Buches noch nicht bekannt. Auf jeden Fall wird es elektrisch betrieben und bietet rund 250 Gästen Platz – womit es das größte elektrisch betriebene Schiff Nordrhein-Westfalens ist. Anlegestellen finden sich am Stockwieser Damm, an der Hullerner Straße und an der Strandallee.

Genau an der Grenze zwischen dem Fürstbistum Münster und dem Kurfürstentum Köln gelegen, erhielt Haltern im Jahr 1289 die Stadtrechte verliehen und durfte sich also mit Stadtmauern und Türmen befestigen, von denen nur noch der Siebenteufelsturm erhalten ist. Im vergangenen Jahrhundert wurde das Wasser zum wesentlichen Strukturelement der Stadt. Die beiden Stauseen versorgen Menschen von Duisburg bis Münster mit Trinkwasser, die Seebäder am Halterner Stausee und den Silberseen sind Touristenmagneten.

Boote liegen am Stausee.

In der Nähe

Paddeltour

Nicht nur der Halterner See eignet sich hervorragend für eine Bootstour mit Tretboot, Ruderboot, Kajak oder Kanu, sondern vor allem auch der sehr idyllische Abschnitt der Stever zwischen Halterner und Hullerner Stausee.

Bootsverleih Niehues, Aalweg 11, 45721 Haltern-Hullern, Telefon 02364/14095, www.bootsverleih-niehues.de

Bootsvermietung Meilenbrock, Stockwieser Damm 275, 45721 Haltern, Telefon 02364/3606, www.bootsvermietung-haltern.de

Achtung: Wer mit dem eigenen Boot anreist, benötigt eine Segel- bzw. Paddelerlaubnis: Informationen unter 02364/933-180

Die Stever zwischen Halterner und Hullerner Stausee

Gastronomie

Jupp am See, Hullerner Straße 107, 45721 Haltern am See, Telefon 02364/5216. www.juppamsee.de (geöffnet wetterabhängig).

Der kleine Seehof, Hullerner Straße 102, 45721 Haltern am See, Telefon 02364/928-0, www.wellnesshotel-seehof.de/gastronomie/der-kleine-seehof/ (geöffnet wetterabhängig).

Heimingshof, An der Stever 7, 45721 Haltern am See, Telefon 02364/3509, www.heimingshof.de

Alter Garten, Stockwieser Damm 277, 45721 Haltern am See, Tel. 01573/1457471, www.altergarten-haltern.de

Lakeside Inn, Stockwieser Damm 291, 45721 Haltern am See, Telefon 02364/506080. www.lakesideinn.de

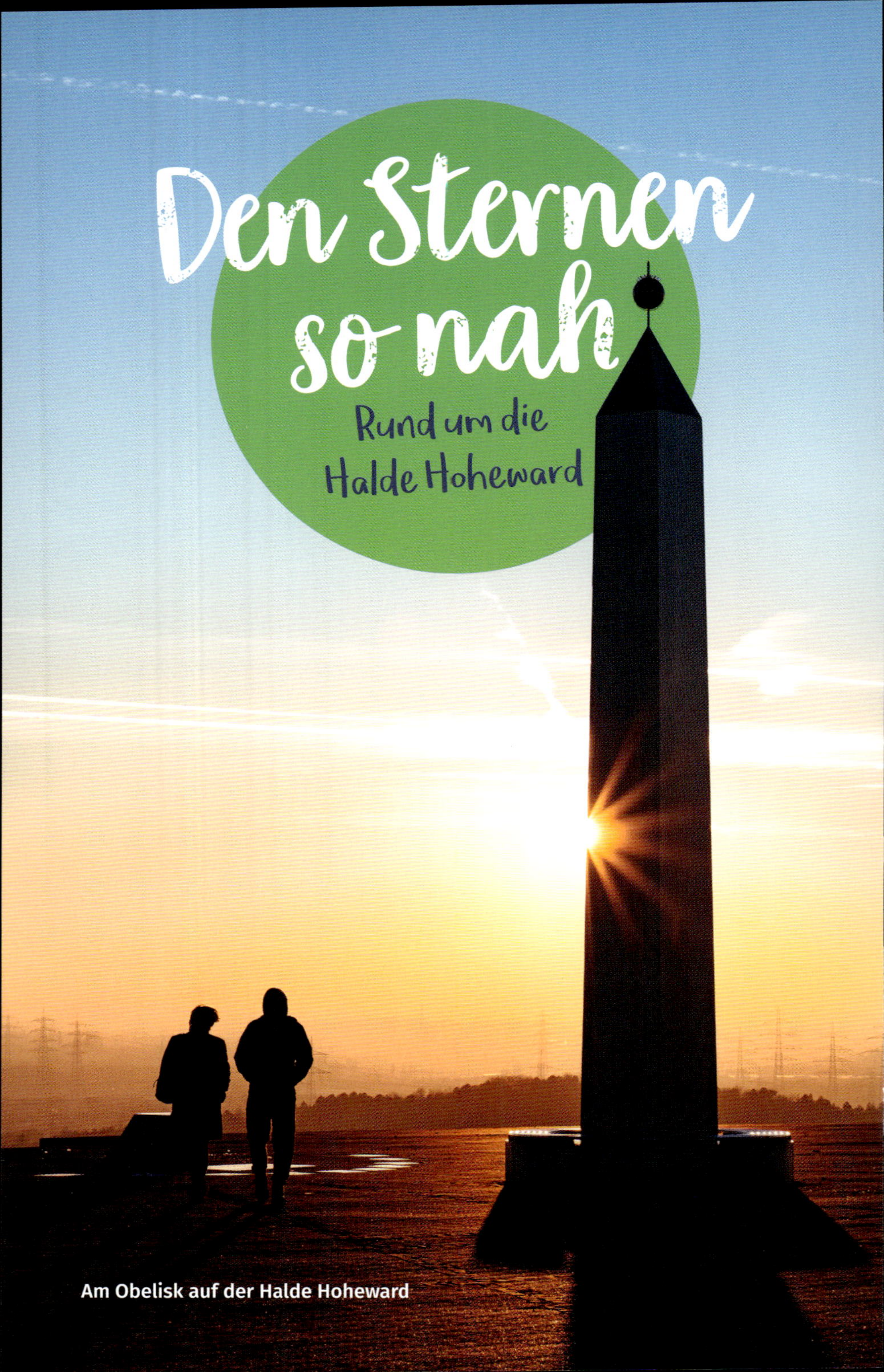

Den Sternen so nah

Rund um die Halde Hoheward

Am Obelisk auf der Halde Hoheward

Sie ist die Gigantin unter den Halden des Ruhrgebiets: Eine größere Ausdehnung hat keine. Und mit ihren beiden Landmarken ist sie ein beeindruckender Berg – von Menschenhand geschaffen. Auf der Halde Hoheward dreht sich alles um die Sterne und den Himmel. Nicht nur ist man auf ihr dem Himmel ein Stück näher, in der Ausstellung der Zeche Ewald bekommt man auch noch die nötigen stellaren Informationen dazu. Mit Stolz schauen die Menschen der Region auf ihren Himmelsberg und machen sich auf, ihn zu umrunden – ob mit Rad, Segway oder zu Fuß ist egal: Es ist immer eine Runde um die eigene Existenz und die Geschichte des Universums.

Anreise Pkw/Parkplatz:
Besucherzentrum Hoheward: Ewaldstraße 261, 45699 Herten,
Himmelstreppe: Am Handweiser, 45699 Herten,
Drachenbrücke: Cranger Straße, 45661 Recklinghausen,
Hoppenbruch: Hohewardstraße, 45699 Herten

Anreise mit ÖPNV:
Besucherzentrum: Haltestelle Bergwerk Ewald 1/2, Herten

Barrierefreier Zugang:
von der Zeche Ewald aus, barrierefreie Angebote
über das Besucherzentrum buchbar

Zusammen mit der angrenzenden Halde Hoppenbruch bildet die Halde Hoheward mit rund 160 Hektar die größte Haldenlandschaft Europas. Ihr höchster Punkt liegt 152 Meter über dem Meeresspiegel – im Ruhrgebiet sind nur die Halden Oberscholven und Haniel höher. Ein Landschaftsbauwerk der ganz besonderen Art: beeindruckend, informativ und erholsam. Die Ausdehnung der Halde ist gewaltig und in jede Himmelsrichtung zeigt sie ein anderes Gesicht.

Tipp

Aktiv auf der Halde

Ob Sternen- oder Vollmondwanderungen, Fackel- oder Bergwerkstouren: Das RVR-Besucherzentrum bietet zu jeder Tages- und Jahreszeit zahlreiche Führungen und Veranstaltungen an, zu Fuß, per Rad oder Segway oder auch barrierefrei im Kleinbus oder im Pferdewagen.

Besucherzentrum Hoheward, Zentraler Service, Werner-Heisenberg-Str. 14, 45699 Herten, Tel. 02366/1811-60, www.hoheward.rvr.ruhr

Das Horizontobservatorium ist die prägende Landmarke weit und breit.

Unter dem Motto „Neue Horizonte" wurde sie von Professor Henri Bava zu einem Landschaftsbauwerk gestaltet.
Die Halde Hoheward ist von allen Seiten aus gut zu begehen, und ein dichtes Wegenetz aus Rundwegen und Aufstiegen bietet alle Möglichkeiten. Eine Balkonpromenade führt auf sechs Kilometern um die Halde herum und bietet von zehn Aussichtsplattformen mit Informationstafeln Ausblicke in die Umgebung.
Wer an der Zeche Ewald parkt, kann vom nordwestlichen Teil über die Ewald Empore – mit Blick hinunter auf die Zeche und das Stadtzentrum von Herten – zum Horizontobservatorium spazieren, der weithin sichtbaren astronomischen Landmarke.

Sternenkunde mit Blick aufs Ruhrgebiet

Das Observatorium ist inspiriert von prähistorischen Steinkreisen wie in Stonehenge oder dem Sonnenobservatorium in Goseck und könnte dazu anregen, sich in seine Mitte zu stellen und den Sonnen-

Der Obelisk dient als Zeiger für die Sonennuhr.

lauf und den Lauf des Mondes und der Sterne zu visualisieren. Die kreisrunde Fläche und die beiden riesigen Bögen mit einer Höhe von etwa 45 Metern sollten die Sichtachsen ins Universum bilden. Aber diese wurden dem Kunstwerk auch zum Verhängnis: die Statik war nicht mehr gewährleistet – nur zwei Monate nach seiner Eröffnung im November 2008 mussten die Bögen abgestützt und der Bereich rundherum gesperrt werden. Trotzdem ist das Observatorium als Landmarke und Kunstwerk beeindruckend und mittlerweile prägend für die Halde und ihre Umgebung.

Von dort kann man auf die Ostseite der Halde spazieren und sich fühlen wie ein ägyptischer Pharao oder ein römischer Kaiser mit Blick auf den achteinhalb Meter hohen Edelstahl-Obelisk. An der horizontal angelegten Sonnenuhr kann Tageszeit und Kalendertag abgelesen werden. Der Obelisk fungiert dabei als riesiger Zeiger auf der kreisrunden Fläche. Ein Vorbild für dieses lehrreiche Kunstwerk fand man im Solarium des römischen Kaisers Augustus. Die Informationstafeln am Boden entführen zusätzlich in die Welt der Astronomie und Astrologie.

Tipp

Bequem hinauf

Die Halde Hoheward ist auf asphaltierten Straßen auch barrierefrei zu erwandern. Das RVR-Besucherzentrum bietet Leihfahrräder, geführte Fahrrad- und Segway-Touren und einen haldentauglichen E-Scooter-Verleih.

Im Zeichen der Zukunft

Wer die Halde Hoheward besucht, kommt auch an der Zeche Ewald nicht vorbei. Sie galt lange Zeit als eine der produktivsten Anlagen des Ruhrgebiets: Rund 125 Jahre wurde im Bergwerk Ewald 1/2/7 Steinkohle gefördert. Die Stilllegung erfolgte erst im Jahr 2000. Zeitweise mehr als 4000 Bergleute arbeiteten hier, um der Region den wirtschaftlichen Aufschwung zu bringen. Mittlerweile ist auf dem Zechengelände der „Zukunftsstandort Ewald" ansässig. Doch die alten Gebäude mit ihrem speziellen Industriecharme erinnern immer noch an die früheren Zeiten. Viele Zechengebäude wurden renoviert und beherbergen heute den Gewerbepark, das RVR-Besucherzentrum samt Dauerausstellung zur Horizontastronomie, Veranstaltungsräumlichkeiten und Gastronomie.
Dauerausstellung: www.hoheward.rvr.ruhr, Öffnungszeiten: Di–So, April–Oktober: 10–18 Uhr, November–März: 10–17 Uhr

Obelisk, Sonnenuhr und Horizontobservatorium

Dem Himmel so nah

Beeindruckende Kulisse:
die Zeche Ewald

Spaziergang

Die Umrundung der Halde auf der Balkonpromenade dauert mindestens eineinhalb Stunden. Zusätzliche Zeit ist einzuplanen für die beiden Landmarken, die Sonnenuhr und das Horizontobservatorium. Die Verbindungswege, auch zur Drachenbrücke, sind jeweils gut ausgeschildert.
Wer einen Abstecher zur kleinen Schwester, der von einem Windrad gekrönten Hoppenbruch-Halde, machen möchte, kann dies am besten von der Balkonpromenade aus tun. Zurück zum Besucherzentrum kommt man von ihr aus auch unten herum über die Ewaldpromenade. Achtung: Die Halde Hoppenbruch ist aufgrund der Downhill-Strecke vor allem bei Radfahrern sehr beliebt, deshalb sollte beim Wandern besondere Vorsicht walten.

Tipp

Abstecher zur Drachenbrücke

Die 18 Meter lange Drachenbrücke führt von dem Recklinghauser Stadtteilpark in Hochlarmark und der ehemaligen Zeche Recklinghausen II über die Cranger Straße zur Halde Hoheward. Die Konstruktion, die wie das Gerippe des feuerspeienden Tiers wirkt, dessen Kopf nach hinten blickt, um die Besucher der Halde zu begrüßen, bewacht den östlichen Eingang zur Halde. Die Feuerenergie des Drachen und die der Steinkohle vereinen sich hier in dem 198 Tonnen schweren Kunstwerk.

Gastronomie

Café Restaurant Orchidee Am Handweiser, Herner Straße 198, 45699 Herten, Tel. 02366/937180
Ewald Café, Doncaster Platz 2, 45699 Herten, Tel. 02366/502844, www.ewald-cafe.de

Das heimliche Zentrum der Ruhrmetropole

Der sagenumwobene Tippelsberg

Vom Tippelsberg hat man Aussicht über das ganze Ruhrgebiet.

Eine umfassendere Rundumsicht als der Tippelsberg bietet kaum ein anderer Ort im Ruhrgebiet. Hier, im Norden Bochums, zwischen den Stadtteilen Bergen, Hiltrop, Grumme und Riemke könnte wohl der Mittelpunkt der Ruhrmetropole liegen. Wer weiß, vielleicht hat der Riese Tippulus sich ja deswegen genau hier den Lehm von den Schuhen geschüttelt und damit laut einer der Legenden den Berg gebildet, damit die Menschen von hier die Aussicht auf ihre Heimat genießen können. Und vielleicht hat der Umweltservice Bochum deswegen auf den alten Berg noch eine Schicht Bau- und Bodenschutt obenauf gehäuft, damit wir nun von einer Höhe von 40 Metern über Umgebungsniveau den noch besseren Überblick haben. Eins ist jedenfalls sicher: Der Tippelsberg ist ein gefragter Aussichts- und Anziehungspunkt.

Anreise Pkw/Parkplatz:
Parkplatz Hiltroper Straße 205 oder Zillertalstraße, 44807 Bochum

Anreise mit ÖPNV:
Bushaltestelle Tippelsberg oder U-Bahnhaltestelle Riemke-Markt

Barrierefrei

Blick zur Nachbarhalde Hoheward

Am Tippelsberg scheiden sich die Geister. Ist er nun aus dem Lehm entstanden, den der Riese Tippulus von seinen Schuhen abgeschüttelt hat? Eine andere Legende erzählt von den Witte Wiwers, den Weißen Frauen, mit denen zusammen der Tippulus mit einem anderen Riesen kämpfte und unterlag. Dort, wo er hinfiel, steht heute der Berg. Wieder eine andere erzählt davon, dass sich Tippulus und der Riese vom Stimberg gegenseitig mit Steinen bewarfen – so entstand in Riemke der Tippelsberg und in Erkenschwick die Haard.

Der Riese hat seine Spuren hinterlassen.

Und ist er überhaupt ein echter Berg? Oder nicht

doch einfach eine Bauschutthalde? Auch wenn sich die Ereignisse um den Riesen nicht mehr letztgültig klären lässt – die Frage, ob der Tippelsberg echt ist oder nicht, lässt sich sehr sicher und trotzdem diplomatisch beantworten: Er ist beides. Auf einen der letzten Ausläufer des Ardey-Hügelzuges wurde nämlich zwischen 1983 und 2003 der Erdaushub und der Schutt für den Bau der U-Bahnlinie U35 gehäuft, so dass der Berg ein paar Meter an Höhe gewonnen hat.

Aussichtsberg

Bis 2007 wurde der nun um einiges größere Berg umgestaltet und ist heute ein beliebtes Ausflugsziel. Von hier oben hat man zu jeder Tages- und Jahreszeit eine wahrhaftig riesenhafte Aussicht auf fast alles, was im Ruhrgebiet gesehen werden sollte. Acht Stelen aus Stahl helfen dabei, besondere Ort in der Umgebung nicht nur zu

Die Stelen und das liegende Kreuz auf dem Gipfel

entdecken, sondern durch schmale Sichtschlitze zu fokussieren, je einer für große und einer für kleine Leute. Der Berg hat, wie es sich gehört, sogar ein Gipfelkreuz – nur dass dieses nicht steht, sondern liegt und zum Sitzen und Schauen einlädt.

Bei der Gestaltung nach der Renaturierung war die Bevölkerung eingeladen, sich zu beteiligen – auch als Wiedergutmachung für die Beeinträchtigungen während der Schüttung. Und diese Beteiligung meint man spüren zu können an diesem freundlichen und stets bevölkerten Ort, dem selbst das permanente Verkehrsrauschen der nahen A43 nichts anhaben zu können scheint: Zweieinhalb Kilometer bestens gepflegte Wege führen auf und um den 18,5 Hektar großen Berg, der im oberen Bereich zwar steiler wird, aber barrierefrei ist.

Tipp

Berg-Rallye

Auf der Themen-Website www.usb-bochum.de/tippelsberg finden sich spielerische Angebote für Kinder wie zum Beispiel eine Tippelsberg-Rallye genauso wie Termine von Wildkräuter- und anderen Führungen.

Von Heupferden und räuberischen Insekten

2020 eröffnete der Umweltservice Bochum (USB-Bochum) als Besitzer des Tippelsbergs einen Naturlehrpfad. Auf 20 großen Themenschildern informiert der Pfad über die Tier- und Pflanzenwelt, über die Kreisläufe des Holzes, über Naturverjüngung und den Kohlenstoffkreislauf. Außerdem stehen die seit 1989 jährlich gekürten „Bäume des Jahres" entlang der Wege, ebenfalls jeweils mit Informationstafeln versehen.
Auf die Jüngsten wartet der „Weg der Kinder": Klettersteine, Balancierbalken oder ein „Dendrophon" animieren zu besonderen Naturerfahrungen.

Gastronomie

Restaurant Jünemann, Hiltroper Straße 108, 44809 Bochum,
Tel. 0234/3388365, www.haus-juenemann.de

Der Zugang ist barrierefrei.

Was die Sterne uns erzählen

Am Radom in Bochum

Das „Kap Kaminski" im Bochumer Süden

Es wird gesagt, dass sich dort, wo heute die Sternwarte steht, schon vor der Eroberung durch die Franken germanische Kultstätten befunden haben sollen. Wer weiß: Vielleicht ist das neue Observatorium auf einem alten Platz von Sternkundigen errichtet. Zu der Zeit, als das Radom in den 1960er-Jahren erbaut wurde, war dieser Teil der Stadt Bochum fast unbewohnt, und entsprechend dunkel war es nachts. Das kleine Museum unter der Parabolantenne erzählt auch von seinem Erbauer: einem einzelnen Mann, der an seinem Traum festhielt und sich mit ganzem Einsatz der Erforschung der Sterne widmete und es zu weltweiter Anerkennung brachte. Einen Ausflug wert sind auch die Natur rundherum,die ansprechenden Gasthöfe, Spielplätze und Zeugnisse der Industriegeschichte.

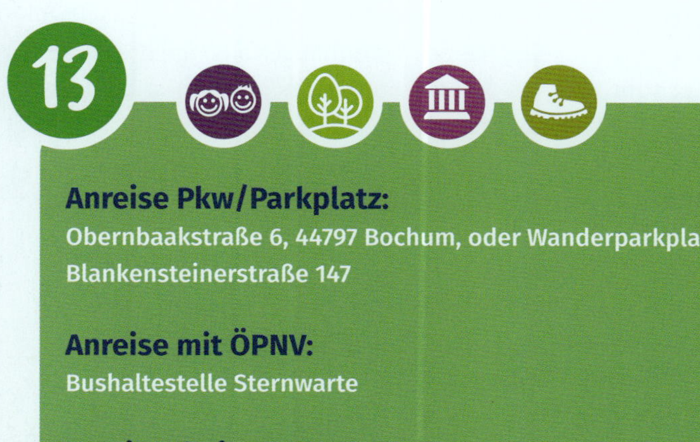

Anreise Pkw/Parkplatz:
Obernbaakstraße 6, 44797 Bochum, oder Wanderparkplatz Blankensteinerstraße 147

Anreise mit ÖPNV:
Bushaltestelle Sternwarte

Barrierefreier Zugang:
zur Sternwarte

Hebt sich an wolkigen Tagen kaum vom Himmel ab: das Radom.

Dass dieser Ort in diesem Buch nicht fehlen darf, hat viel mit der Person Heinz Kaminskis zu tun. Der Raumfahrt-Pionier machte die Sternwarte Bochum weltweit bekannt, obwohl er nie ein Studium absolviert hatte, sondern 1946 alles als Hobby und aus Leidenschaft begann. Vom „Sputnikkeller" seines Wohnhauses aus machte er den Standort Bochum über die Jahrzehnte zu einem international anerkannten Ort der Weltraumforschung.

Wie er das geschafft hat, erzählt die spannende Dokumentation, die man sich auf einer riesigen Leinwand im Radom anschauen kann. Wahrscheinlich fühlt man sich schon selbst als Forscherin, nachdem man zuerst eine Luftschleuse durchquert hat, um den Luftdruck in dem Ballon nicht zu gefährden, der ein anderer ist als draußen. Beeindruckend ist aber vor allem die Geschichte von Heinz Kaminski, zeigt sie doch, wieviel ein einzelner Mensch erreichen kann, wenn er sich selbst und seinen Visionen treu bleibt.

Mit viel Engagement und Einsatz schaffte es Kaminski, die Unterstützung zu organisieren, die es ihm erlaubte, 1967 die 40 Meter hohe Tragluftkuppel mit der 20-Meter-Parabolantenne zu installieren. Damit konnte er in Kontakt treten mit den Satelliten und Raumsonden. Und so war die Anlage in Bochum von 1968 bis 1971 bei den Apollo-Missionen der Amerikaner, also auch bei der Mondlandung von Apollo 11 am 20. Juli 1969 live dabei. Heinz Kaminski ist es zu verdanken, dass Bochum bis heute ein wichtiger Standort der Weltraumforschung geblieben ist. Es sind schließlich nicht die technischen Daten, die den Besuch des Radoms so einzigartig machen, sondern das spannende Erlebnis, in die Kuppel einzutreten und die unglaubliche Geschichte des Pioniers Kaminski zu sehen. Wer gerne historische Gegenstände erkundet, der wird sich am Rest der Ausstellung erfreuen, auch für Kinder und Jugendliche ist es spannend zu sehen, wie die Eltern und Großeltern damals gelebt haben. Daneben bietet das Bildungswerk des Instituts für Umwelt- und Zukunftsforschung wechselnde Ausstellungen, Fachvorträge und Gruppenveranstaltung für Kinder und Erwachsene.

Sternwarte Bochum, Tel.0234/57989-0, www.sternwarte-bochum.de, Öffnungszeiten: dienstags bis donnerstags 11 bis 16 Uhr, freitags 11 bis 14 Uhr, sonntags 11 bis 17 Uhr (April bis Oktober) bzw. 11 bis 16 Uhr (November bis März). Montags geschlossen. Die Astronomische Beobachtungsstation ist geöffnet mittwochs 19 bis 21 Uhr.

Spaziergang: Abwechslungsreiche Natur

Nur einen kurzen Spaziergang vom Radom entfernt gibt es mehrere gastronomische Angebote: Wer es gerne etwas gehobener mag, geht ins Restaurant Waldesruh, wer mit Kindern unterwegs ist, findet neben dem Gasthaus Forsthaus und einem großen Gastgarten auch einen Kinderspielplatz. Und wer eine etwas längere Runde einplanen möchte, kann zum Bliesstollen und zu der Kleinzeche Haunert wandern.
Auf dem Weg kommt man an einem schönen Waldspielplatz vorbei, umgeben vom naturnahen und erholsamen Weitmarer Holz. Dieses ist ein beliebtes Naherholungsgebiet für die Bochumerinnen und Bochumer. Früher zog es sich von Weitmar-Mark und Neuling über Sundern bis nach Linden. Der Waldbezirk wurde überwiegend genossenschaftlich genutzt und verwaltet und als Grenz- und Gemeinschaftsland „Mark" genannt. Markordnung und Markan-

Info

Kleinzeche Haunert

Die Rekonstruktion der 1959 stillgelegten Zeche Haunert ist ein gelungenes Beispiel für die vielen Kleinzechen, die sich im Weitmarer Holz von 1945 an gebildet hatten. Anfangs entstanden sie noch ohne offizielle Genehmigung der Bergbehörde. In der Hochphase des Kohleabbaus waren es bis zu 100 der von den Einheimischen liebevoll „Pütt Eimerweise" genannten Kleinzechen, die sich über den Bochumer Süden ersteckten. Mit maximal 85 Kumpel – aber nur in ihren besten Zeiten – war die Zeche Haunert eine davon. Die Kleinzechen verschwanden ab der Kohlekrise 1958 relativ schnell, die letzte schloss ihre Tore 1967. Seit 2015 ist dieses Kleinod mit Malakowturm und „Pütt Eimer" zu bewundern, und wer möchte kann danach im gegenüberliegenden Waldhaus einkehren.

Im Weitmarer Holz

gelegenheiten wurden früher unter dem Vorsitz des Holzrichters geregelt. Dieses Amt hatte stets der Besitzer des Hauses Weitmar inne. Im Zuge der bergbaulichen Entwicklung wurde der Wald in Privatbesitz überführt und fast zur Gänze gefällt. Es entstanden Bergmannshäuser und die Siedlung der Zeche Prinz-Regent. Heute ist das Weitmarer Holz Ausgangspunkt für schöne Wanderungen und bietet wieder Erholung in der Natur.
Wer möchte, kann vom Bliesstollen aus auch ein Stück dem ausgeschilderten Historischen Bergbauwanderweg Bochum-Süd folgen: www.bergbauaktiv.de/bergbauwanderweg-bochum-sued

Gastronomie

Forsthaus Bochum, Blankensteiner Straße 147, 44797 Bochum, Telefon 0234/3694888, www.forsthaus-bochum.de
Borgböhmers Waldesruh, Papenloh 8, 44797 Bochum, Telefon 0234/470800, www.borgboehmer.de
Waldhaus, Am Bliestollen 44, 44797 Bochum, Telefon 0234/475352, www.waldhaus-bochum.de

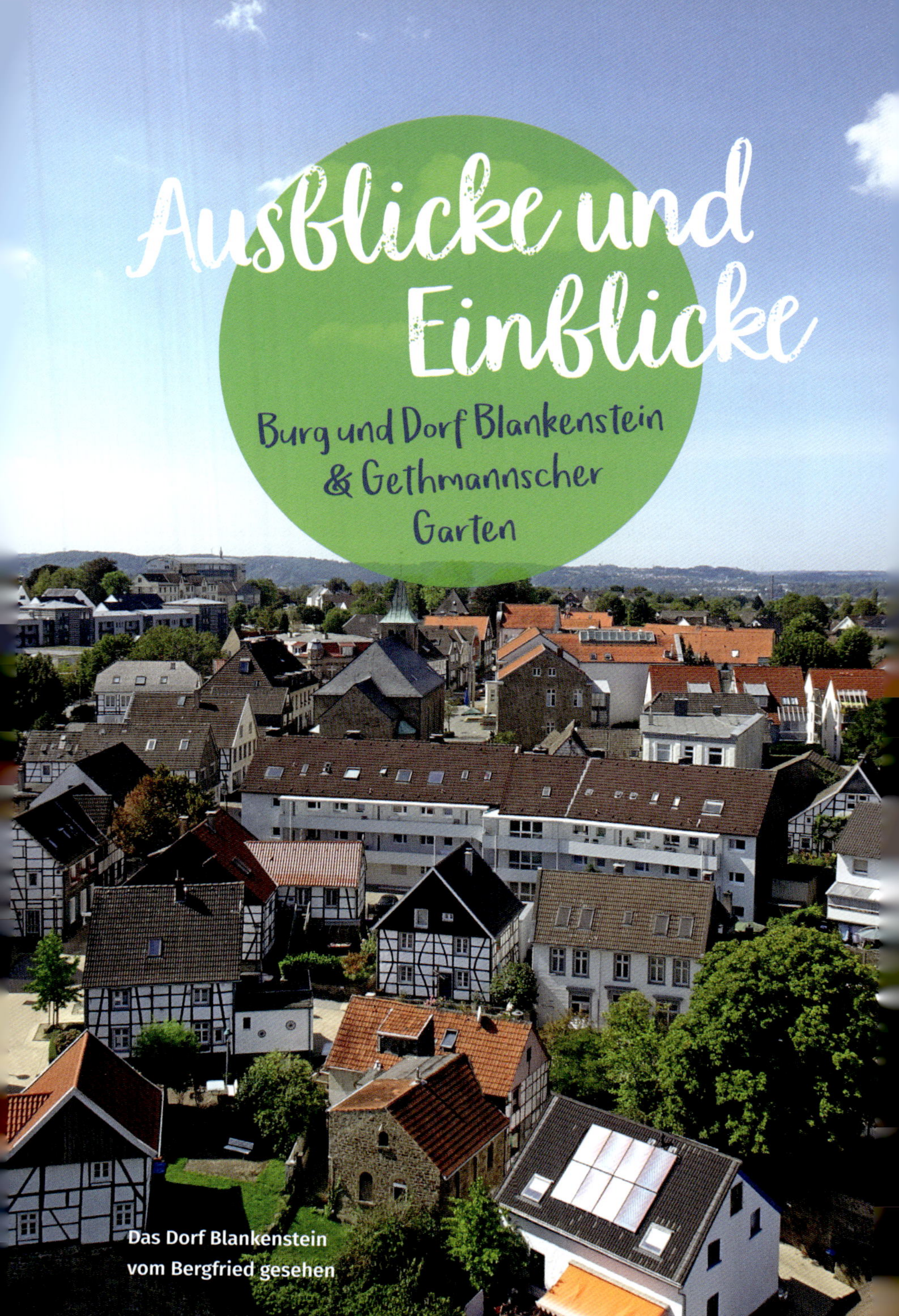

Das Dorf Blankenstein
vom Bergfried gesehen

Es gibt auf den Ruhrhöhen noch einige Burgen und Ruinen, doch dieses noch gut erhaltene Ensemble ist mit seinem frei zugänglichen Bergfried ein besonderes Erlebnis. Darunter zieht nicht nur die Ruhr durch ihr grünes Tal, sondern von oben hat man beste Sicht auf die kleinen, bis heute gut erhaltenen Fachwerkhäuser, die sich nach Westen um den Burggraben gesammelt haben. Kleine Läden und ein gutes Angebot an Cafés und Gaststätten machen den Markplatz zu einem fröhlichen und lebendigen Ort. Wer es etwas ruhiger mag, geht die wenigen Meter bis zum Gethmannschen Garten. Sein Gründer war ein Visionär, der schon vor 200 Jahren diesen öffentlichen Landschaftspark nach englischem Vorbild anlegen ließ. Was er damals schuf, schmeichelt unserem Auge noch heute.

Anreise Pkw/Parkplatz:
Parkplätze „Im Vogelsang“ oder „Im Tünken“,
45527 Hattingen-Blankenstein

Anreise mit ÖPNV:
Haltestelle Burg Blankenstein

Barrierefreier Zugang:
zur Burg, in die Altstadt und in weite Teile des Gethmannschen Gartens

Die Burg Blankenstein aus dem frühen 13. Jahrhundert beeindruckt, wie sie da auf ihrem Felsen über dem Ruhrtal thront. Von hier aus ließen die Grafen von Mark ihre Reichsgrenze über der Ruhr bewachen. Wer sich in den Burghof begibt, kann sich im Biergarten direkt an die mächtige Mauer setzen und die Aussicht genießen.
Es gibt aber noch spektakulärere Aussichtsplätze in Blankenstein: Der höchste ist der Bergfried – er ist nämlich begehbar und eignet sich hervorragend auch für alle, denen in anderen Türmen die schwindeligen Holztreppen einen höhenängstlichen Riegel vor den Aufstieg schieben. Hier erklimmt man die steinerne Plattform auf ebensolchen Stufen und hat festen Stand, wenn man den Blick ins Ruhrtal und weit über den Kemnader See schweifen lässt.

Das historische Dorf Blankenstein

Die Burg garantierte Schutz und Arbeit, und so ducken sich in ihrem Schatten immer noch viele historische Fachwerkhäuser und die alte – heute evangelische – Kirche in der seit dem Mittelalter sogenann-

Burg Blankenstein

Ausblick vom Bergfried Richtung
Haus Kemnade und Kemnader See

Im Gethmannschen Garten

ten „Freiheit“. Nur ein Stück weiter hat sich rund um die katholische Kirche der schmucke Marktplatz entwickelt. Eines der alten Amtshäuser beherbergt heute das Hattinger Stadtmuseum.

Ein ganz besonderer Garten

Nicht weit entfernt vom idyllischen Marktplatz liegt der Gethmannsche Garten. Er ist einer der Vorläufer der heute zahlreichen öffentlich zugänglichen Parks: der nach dem Vorbild englischer Landschaftsgärten auf den Felsen über der Ruhr seit 1808 angelegte Park des Bergwerkbesitzers und Tuchhändlers Carl Friedrich Gethmann. Berühmtester Gast war bereits 1833 der spätere König von Preußen, Friedrich IV. Der Königsplatz erinnert bis heute an diesen Besuch, denn der damalige Kronprinz war so beeindruckt, dass er eine Büste seines Vaters schenkte. Der schönste Platz des Gartens liegt allerdings so weit außerhalb über den Ruhrfelsen, dass er schon fast zu schweben scheint: Belvedere, schöne Aussicht, heißt er, und der Name ist schönstes Programm: der Fluss und seine Auen, so weit das Auge reicht …

Tipp

Stadtmuseum Hattingen in Blankenstein

Nach vorne hin in ehemaligen Amtshäusern von 1840 bis 1904 untergebracht, nutzt das Stadtmuseum im hinteren Anbau alle Vorteile moderner und zweckdienlicher Architektur. Es präsentiert in einer Dauerausstellung die Geschichte der Region und der Stadt Hattingen. Vom Mammutzahn über Modelle der Burg Blankenstein bis hin zu Alltagsgegenständen aus Handwerk und Vereinsleben. Auch wichtige Persönlichkeiten, die in der Stadt gelebt haben, werden portraitiert: zum Beispiel Mathilda Franziska Anneke (1817–1884), die spätere Kämpferin für Frauenrechte und soziale Gerechtigkeit sowie gegen die Sklaverei in ihrer US-amerikanischen neuen Heimat. Hinzu kommen wechselnde Ausstellungen oft namhafter Künstlerinnen und Künstler.

Stadtmuseum Hattingen, Marktplatz 1–3, 45527 Hattingen-Blankenstein, Tel. 02324/2043523, www.stadtmuseum.hattingen.de, Öffnungszeiten: mittwochs bis freitags 15 bis 18 Uhr, samstags und sonntags 11 bis 18 Uhr. Der Eintritt ist frei.

Lohnenswerte Rundgänge

Das Hattinger Stadtmarketing hat, teils in Zusammenarbeit mit dem Blankensteiner Heimatverein, zwei kurze lohnenswerte Rundgänge erarbeitet. Der eine erschließt die historischen Gebäude Blankensteins und führt unter anderem zu dem ehemaligen Wohnhaus Mathilda Franziska Annekes. Die später weltberühmte Frauenrechtlerin hat in diesem Haus ihre Jugend verbracht. Der andere führt durch den Gethmannschen Garten und unter anderem zu dem wunderbaren Aussichtsplatz Belvedere.
Ein Audioguide kann im Stadtmuseum ausgeliehen werden, Flyer mit Karte und Erläuterungen liegen im Museum oder beim Hattinger Stadtmarketing aus und stehen unter folgenden Links zum Herunterladen bereit: www.hattingen.de/stadt_hattingen/Downloads/Flyer/blankenstein_rundgang.pdf
www.hattingen.de/stadt_hattingen/Downloads/Flyer/blankenstein_gethmann.pdf

Blick Richtung Bochum und Witten

In der Nähe

Hattingens Altstadt

Eine so große intakte Altstadt mit Fachwerkhäusern, Stadtmauern und schmalen, verwinkelten Gassen wie hier in Hattingen ist im Ruhrgebiet nicht oft zu finden.

Nicht nur das alte Rathaus von 1576 zeugt von der frühen wirtschaftlichen Blütezeit. Die liebevoll in Stand gehaltene historische Altstadt ist immer einen stimmungsvollen Bummel oder einen Besuch in einem der schönen Cafés oder Gasthäuser wert.

Gastronomie

Restaurant Burg Blankenstein, Burgstraße 16, 45527 Hattingen, Tel. 02324/33231, www.burgblankenstein.de

Eiscafé Filippin, Marktplatz 7, 45527 Hattingen, Tel. 02324/33210

Café Z, Hauptstraße 1, 45527 Hattingen, Tel. 02324/26586

Comedor, Burgstraße 2, 45527 Hattingen, Tel. 02324/3441797, www.comed-or-hattingen.de

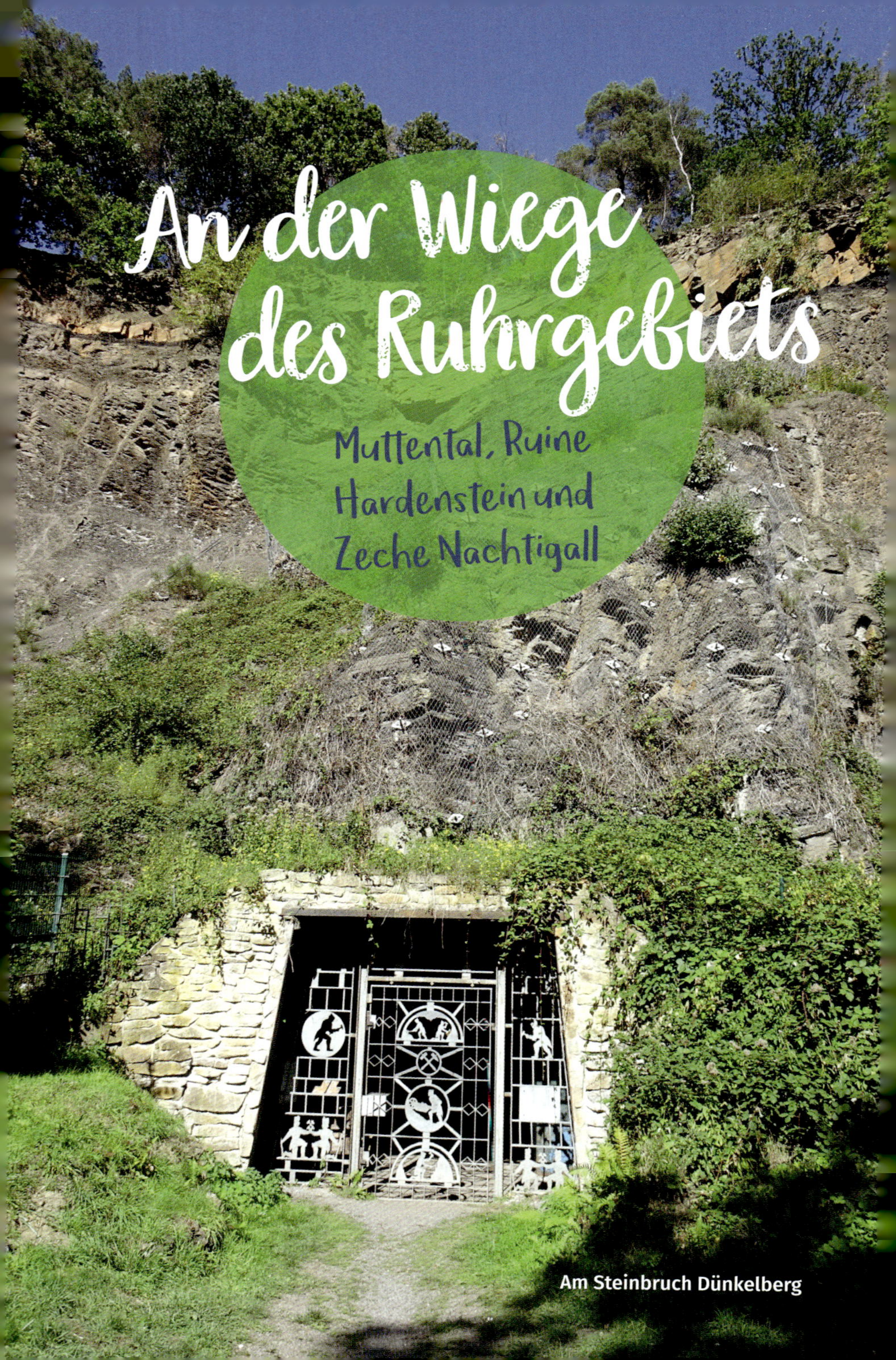
An der Wiege des Ruhrgebiets
Muttental, Ruine Hardenstein und Zeche Nachtigall
Am Steinbruch Dünkelberg

Das Muttental ist mindestens zweifach faszinierend: Erstens, weil hier die Geschichte von 450 Jahren Bergbau greifbar und erfahrbar wird: Mehr als 60 Zechen haben ihre Spuren hinterlassen, die bis heute an den Mundlöchern und den Nachbauten historischer Aufbauten zu erleben und zu verstehen sind. Und zweitens, weil es erstaunlich ist, wie sich die Natur das Tal zurückerobert hat, so dass man sich in romantischen Bachauen wähnt, wo man eigentlich auf alten Abraumflächen steht. Die Stadt Witten und das LWL-Museum in der Zeche Nachtigall haben es geschafft, aus dem Muttental einen Erlebnisraum zu machen, aus dem man gleichzeitig schlauer und erholter zurückkehrt.

Anreise Pkw/Parkplatz:
Parkplatz Nachtigallstraße, 58452 Witten

Anreise mit ÖPNV:
bis Witten Hauptbahnhof, von dort dauert der Fußmarsch über die Herbeder Straße und „Im Sundern“ etwa 20 Minuten

Wer sich für die Zeit interessiert, in der die Menschen im Ruhrgebiet den Bergbau immer weiter perfektionierten, der ist im Industriemuseum „Zeche Nachtigall“ richtig. Es gibt Führungen über und unter Tage, zahlreiche Vorführungen und Workshops im Museum und im Besucherbergwerk. Einer der Höhepunkte ist die Führung in den 130 Meter langen Nachtigallstollen. Was es bedeutet, unter Tage zu arbeiten: Hier kann man es noch nachempfinden!
Alle Veranstaltungen und Angebote sind auf der umfangreichen Internetseite des LWL-Museums zusammengetragen unter www.zeche-nachtigall.lwl.org

Blick in die Ausstellungsbereiche der Zeche Nachtigall

Tipp

Fahrten mit historischen Zügen

Gleich nebenan, auf dem Gelände der schon 1892 stillgelegten Zeche Theresia hat ein Verein das Gruben- und Feldbahnmuseum errichtet. Rund 100 Loks und fast 300 Loren und Waggons werden hier ausgestellt, und an einigen Sonn- und Feiertagen kann man mit der Muttentalbahn direkt zur Zeche Nachtigall fahren. Informationen unter: www.muttenthalbahn.org

Unterwegs auf dem Bergbaurundweg

Der Natur im Muttental zwischen Zeche Nachtigall und Burg Hardenstein würde man ihre Bergbauvergangenheit nicht mehr ansehen, wenn nicht hin und wieder vergitterte Stollenmünder daran erinnern, dass hier einst intensiv Bergbau betrieben wurde. An 30 solcher Zeugnisse – zum Teil sind diese nachgebaut – führt der neun Kilometer lange Bergbaurundweg vorbei. Ganz nebenbei kann man eine Menge lernen über die 450-jährige Geschichte des Kohleabbaus im Muttental.

Ein Flyer mit einer Karte und Erklärungen aller Stationen sowie zahlreicher weiterer Angebote im Muttental können heruntergeladen werden von der Website des Wittener Stadtmarketings unter: www.stadtmarketing-witten.de/entdecken-erleben/touristinfo

Hardenstein und Schloss Steinhausen

Die Ruine der alten Wasserburg Hardenstein liegt direkt an der Ruhr. 1363 erstmals erwähnt, verfiel das Gebäude schon ab dem 16. Jahrhundert, weil es kaum noch genutzt wurde. Ob das mit dem Zwergenkönig Goldemar zu tun hat? Der war einst ein enger, wenn auch unsichtbarer Vertrauter des Burgherrn, so sagt es die Sage. Doch ein Küchenjunge stellte ihm eine Falle. Goldemar verschwand und ließ den glücklosen Herrn allein zurück. Die Ruine aber ist und bleibt ein romantischer und ein bisschen verwunschener Ort, der von der Zeche Nachtigall etwa einen Kilometer weit entfernt liegt und ohne Steigung über einen Spazier- oder Fahrradweg zu erreichen ist.
Die einzige Höhenburg auf Wittener Stadtgebiet, Schloss Steinhausen, wurde erstmals im Jahr 1297 erwähnt. Sie war Sitz des Wittener Eigengerichts und sehr bedeutend für die Region. Zerstört, wiederaufgebaut und Ende des 19. Jahrhunderts im romantischen Stil umgebaut, erinnert das heutige Schloss kaum noch an die mittelalterliche Burg. Heute beherbergt es eine Eventgastronomie und einen Skulpturengarten mit afrikanischer Kunst und eine Steinbildhauerei.

Info

Zechenhaus Herberholz

Frei zugänglich ist die Ausstellung historischer Gegenstände aus dem Bergbau, die der Förderverein bergbauhistorischer Stätten Ruhrrevier am 1828 abgeteuften Schacht Constanz präsentiert, wo heute noch ein Ziegelgebäude von 1875 an die Zeche Louisenglück erinnert.

Ruine Hardenstein

Tipp

Schmiede-Handwerk für Groß und Klein

Das Wittener Stadtmarketing bietet zahlreiche spannende Ausflüge ins Muttental an – abenteuerliche Fackelwanderungen oder kreative Handwerkseinführungen. Das historische Bethaus der Bergleute etwa diente früher nicht nur als Versammlungs- und Gebetsraum, sondern auch als Zechenhausschmiede, und so ist es heute auch wiederhergerichtet.

Alle Angebote, Preise und Termine unter:
www.stadtmarketing-witten.de/entdecken-erleben/touren-fuehrungen

Gastronomie

Bethaus der Bergleute, Muttentalstraße 35, 58452 Witten,
Tel. 02302/31951, www.bethaus-der-bergleute.business.site/#details

Zechenhaus Herberholz, Muttentalstraße 32, 58452 Witten,
Tel. 02302/3419, www.muttental-zechenhaus-herberholz.de

Auf Nachtigall, Nachtigallstraße 35, 58452 Witten, Tel. 0173/5460476,
www.auf-nachtigall.de

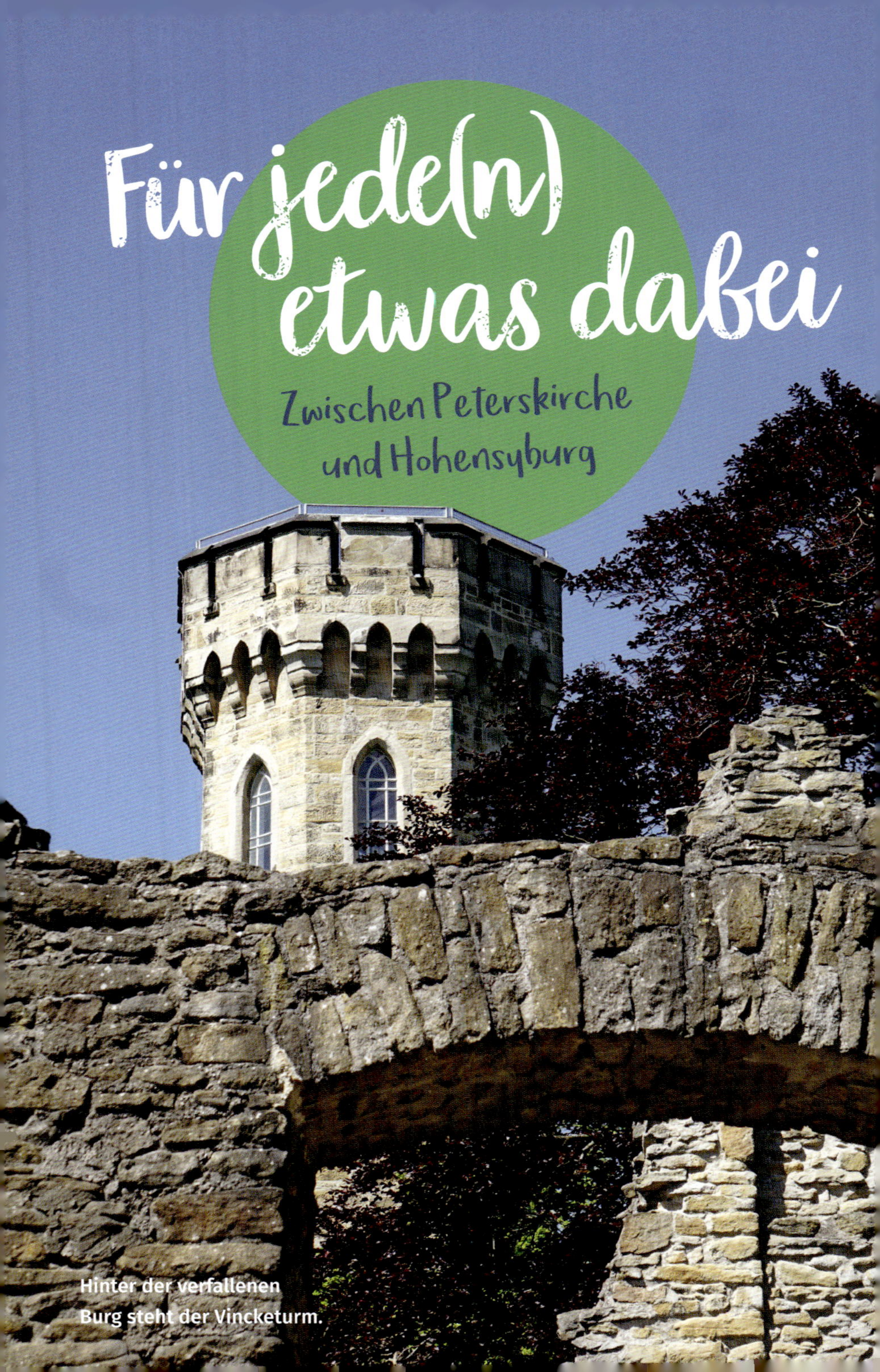

Hinter der verfallenen Burg steht der Vincketurm.

Bevor die Peterskirche als Zeichen der Eroberung Karls des Großen über die Sachsen gebaut wurde, soll an gleicher Stelle eine germanische Kultstätte mit Irminsul und heiliger Quelle gewesen sein. Und die Energie hat sich erhalten. Zwischen den beiden Hügeln, auf denen Kirche und Syburg stehen, sind bis heute Höhepunkte für die ganze Familie zu finden. Neben Spielespaß im Park gibt es historische Gebäude, einen sehr alten Friedhof, einen Aussichtsturm, ein Casino, ein Sterne-Restaurant und für die, die sich ein bisschen bewegen wollen, einen Abstecher hinunter an den Zusammenfluss von Ruhr und Lenne. Ein gelungener Tag zwischen Alt und Neu, spielerisch und mystisch zugleich.

Anreise Pkw/Parkplatz:
kostenpflichtiger Parkplatz an der Hohensyburgstraße 200, 44265 Dortmund-Syburg, 8 bis 13 Uhr frei

Anreise mit ÖPNV:
Haltestelle Syburg

Barrierefreier Zugang:
zur Kirche und zu weiten Teilen des Parks

Schon in der Steinzeit sollen hier Menschen auf der Jagd ihre Nachtquartiere aufgeschlagen haben. Funde aus der Bronzezeit belegen eine Wallburg und eine Besiedlung. Später stand auf dem Felsen über der Ruhr eine sächsische Fliehburg, die die Menschen vor Angriffen schützen und ihr Hab und Gut sichern sollte. Schriftliche Erwähnung fand diese erstmals um 700 n. Chr., als Karl der Große die Wehranlage bestürmte und sie siegreich einnahm. 1150 errichteten die Kölner Erzbischöfe eine Höhenburg, die ab 1235 von den Herren von Syberg geführt wurde. Schon 1287 wurde die Burg teilweise zerstört und ging um 1300 in die Lehnsherrschaft der Grafen von der Mark über. 1496 wurde Gerd Spee zum Burggrafen ernannt, und 200 Jahre später wurde die Burganlage aufgegeben. Heute sind noch die Reste des Hauptgebäudes, umgeben von Burgmauern und zwei Türmen, zu besichtigen. Im Inneren der Ruine befindet sich ein Kriegerdenkmal: ein gefallener Soldat mit einem Adler auf seinem Unterschenkel, gestaltet 1930 von Friedrich Bagdons, der auch an den Umbauten am Kaiser-Wilhelm-Denkmal beteiligt war.

Tipp

Das Kaiser-Wilhelm-Denkmal

Das Monument, das nach neun Jahren Bauzeit im Jahre 1903 feierlich eingeweiht wurde, sollte eigentlich an die deutsche Reichsgründung 1871 erinnern. Doch sein heutiges, eher schlichtes Aussehen bekam es erst 1935. Es wurden reichlich neugotischer Bauschmuck und zwei Statuen entfernt und das Monument dem nationalsozialistischen Baustil angepasst, wodurch es zu einem Symbol der Macht wurde. Vom Denkmal aus hat man einen beeindruckenden Blick hinunter auf den Hengsteysee.

Die Peterskirche

Als Kaiser Karl der Große die Sachsen auf dem Petersberg besiegte, ließ er die Irminsul fällen und baute an ihrer Stelle oberhalb der Ruhr die Peterskirche. Sogar der Papst persönlich soll zur Einweihung der Kirche und des Petersbrunnens erschienen sein.

In der Kirche wurde eine Reliquie der Heiligen Barbara verehrt, und dies war ein Zeichen für die Bedeutung des Gotteshauses für die ganze Region. Der Brunnen wurde zum Wallfahrtsort, der

Die Kirche ist umgeben von Jahrhunderte alten Grabsteinen.

über viele Jahrhunderte große Bedeutung für die Menschen der umliegenden Städte hatte. Es gibt die Erzählung, dass einst in Dortmund ein verheerendes Feuer brannte, das deswegen nicht rechtzeitig gelöscht werden konnte, weil ein Großteil der Bevölkerung zur Wallfahrt in der Peterskirche war. Heute faszinieren neben der Kirche die uralten verwitterten Grabsteine – die ältesten stammen aus dem 9. Jahrhundert – und der Ausblick über die Ruhr ins Sauerland. Fast ist es als könnte man die Heiligkeit und Mystik dieses Ortes immer noch spüren.

Aussicht vom Turm

Der achteckige Vincketurm, benannt nach dem Oberpräsidenten der Provinz Westfalen, dem Freiherrn Ludwig von Vincke, erinnert an einen Märchenturm. Die Braut, die er wählte, war allerdings nicht Rapunzel, sondern Eleonore von Syberg zum Busch, und durch die Heirat kam er in den Besitz der Burgruine. Der 20 Meter hohe

Wie aus dem Märchen: der Vincketurm

Sommerfrische an der Lennemündung

Turm wurde zu seinen Ehren erbaut, um an seine Bemühungen im Wiederaufbau der Provinz Westfalen nach der Befreiung durch die französische Besetzung 1815 zu gedenken. Wer den Aufstieg wagt, wird mit einer grandiosen Aussicht bis zu den Bergen des Sauerlands belohnt.
Der Kiosk am Vincketurm bietet kleine Snacks, Getränke, Eis, Minigolf und Turmbesichtigung. Weitere Informationen unter: www.hohensyburg.de

Casino Syburg – Glück im Spiel

Selbst die Spielbank liegt auf dem Syberg in historischem Ambiente, und so ist es nicht verwunderlich, dass die Architekten in den 1980er-Jahren ein modernes Gebäude mit viel Flair errichteten. Über die Grenzen des Ruhrgebiets hinaus ist die Spielbank bekannt – wartet sie neben den üblichen Attraktionen eines Casinos doch auch mit Konzerten, Musicals und diversen Aufführungen auf. Dies alles in einer besonderen Architektur, mit einmaligem Blick und zwischen historischen Denkmälern. Informationen gibt es im Internet unter www.spielbank-hohensyburg.de.

Hinter dem Klösterchen befindet sich die „heilige Quelle".

Wer sich gerne kulinarisch verwöhnen lassen will, ist ebenfalls hier richtig. Das Casino verfügt über zwei Restaurants, die für ihre gehobene Küche bekannt sind. Wer danach noch ein Tänzchen wagen möchte findet im Tanzlokal das passende Ambiente.
Im Tanzlokal Fox kann man zu unterschiedlichen Musikrichtungen immer samstags und jeden ersten Freitag im Monat ab 20 Uhr das Tanzbein schwingen. Termine und Informationen unter: www.tanzlokal-fox.de

Tipp

Im Sommer kann man sich im weitläufigen Park an der Syburg unter dem Vincketurm an verschiedenen Ball- und übergroßen Brettspielen versuchen. Neben dem Kiosk gibt es einen Sitzbereich, wer es lieber naturnah mag, kann sich eine Decke mitnehmen und unter den alten Bäumen ein Picknick abhalten.

Historischer Bergbauwanderweg

Wer sich lieber mit der Bergbaugeschichte beschäftigen möchte, folgt dem historischen Bergbauwanderweg. Entlang des Nordwesthangs führt ein mit A1 ausgeschilderter Wanderweg zum Besucherbergwerk Graf Wittekind. Hier wurden einzelne Stollen zur Besichtigung aufbereitet. Am Syberg wurde schon Ende des 16. Jahrhunderts Steinkohle abgebaut. Das Bergwerk Graf Wittekind verrichtete seine Arbeit an den Hängen unterhalb der historischen Gemäuer bis 1900. Seit 1997 kümmert sich der Förderverein Bergbauhistorischer Stätten Ruhrrevier e.V. mit seinen ehrenamtlichen Mitarbeitern um das kleine Schaubergwerk. Da die Stollen sehr niedrig sind, kann ein Besuch nur mit Voranmeldung und Führung stattfinden. Anmeldung und Informationen unter: 0231/713696

Syburger Runde

Rund um den Syberg gibt es vieles zu entdecken: die Reste der sächsischen Fliehburg, das Naturschutzgebiet Ruhrsteilhänge, den Eichenwald und den Hengsteysee, der aus der Ruhr aufgestaut wird. Diese etwa 5 Kilometer lange Runde folgt zunächst der Muschel, dem Zeichen des Jakobswegs. Der Weg, der sich stellenweise sehr steil hinunterschlängelt, erfordert Trittsicherheit

Am Steilhang unterhalb der Burg

und gutes Schuhwerk. Er führt unterhalb des Kaiser-Wilhelm-Denkmals vorbei ans Wasser. Nach links abgebogen liegt gegenüber dem gleichnamigen Biergarten die Lennemündung. Weiter geht es an der Bahnlinie entlang, bis man auf ein verwittertes Schild zum alten Gasthaus Weitkamp trifft. Wer hier im spitzen Winkel nach links wandert, passiert die Einfahrt zum Campingplatz und die kleine Naturbühne, um dann wieder nach links dem X folgend durch das romantische Waldstück nach oben zurück zur Hohensyburg zu wandern.

Unterhalb der Peterskirche steht dichter Buchenwald.

Tipp

Naturbühne Syburg

Seit dem Jahr 1952 finden unterhalb der Hohensyburg Freiluftaufführungen statt. Die idyllische Naturbühne bietet Raum für mehr als 800 Zuschauer. Auf der kleineren Studiobühne im Innenraum wird ein Ganzjahresprogramm gespielt. Termine und Informationen unter: www.naturbuehne.de

Gastronomie

Diverse in Syburg

Kiosk am Vincketurm, www.hohensyburg.de

Natur-Biergarten Zur Lennemündung, Syburger Dorfstraße 69, 44265 Dortmund, Telefon: 0175/4861939

Restaurant Syght, Hohensyburgstraße 200, Tel. 0231/7740-700, www.syght.de

Wo Lenne und Ruhr zusammenfließen

Versteinertes Meer
Die Kluterthöhle in Ennepetal
Geheimisvolle Unterwelt

Ein Korallenriff im Ruhrgebiet: In der Kluterthöhle in Ennepetal kann man es erwandern. In acht bisher bekannten Höhlen, 380 Gängen, die über fast 5800 Meter reichen, warten unterirdische Seen, Hallen und natürlich versteinerte Lebewesen, wie Schwämme, Muscheln und eben Korallen.

Entstanden ist die Höhle durch geologische Prozesse, die vor 385 Millionen Jahren ihren Ursprung in einem tropischen Meer nahmen, dass hier an die Ufer des Kontinents brandete. Besucherinnen und Besucher können die Höhle, die seit 2019 den Titel „Nationales Naturmonument“ tragen darf, im Rahmen von Führungen besuchen. Ein einzigartiges Abenteuer!

Anreise Pkw/Parkplatz:
Parkplatz am Haus Ennepetal, Gasstraße 10, 58256 Ennepetal

Anreise mit ÖPNV:
Bushaltestelle Klutert, Ennepetal

Besonderheit:
Eines von zwei Naturmonumenten in NRW

Das versteinerte Korallenriff, das sich 50 Meter unter der Erde erhalten hat, ist nicht nur ein Ort der versteinerten Organismen, auch für den Artenschutz bietet sie ein einzigartiges Biotop. Seltene Tierarten, die das Grundwasser bewohnen, und Fledermäuse finden hier Lebensraum.

Die größte derzeit bekannte Naturhöhle Deutschlands ist teilweise zugänglich, allerdings ausschließlich in Begleitung von ausgebildeten Führerinnen und Führern. Ausgestattet mit Helmen und Gummistiefeln kann man sich je nach Mut und Abenteuergeist für unterschiedliche Angebote entscheiden: von der Ersten Einfahrt über die Fossilien- oder Zeitreise bis hin zur XX-treme-Tour, bei der es auch mal durch schmale Ritzen geht oder durch unterirdische Bäche. Auch für Kinder gibt es Touren: An der Schatzsuche dürfen bereits Vierjährige teilnehmen. Die Eintrittspreise variieren je nach Dauer und Schwierigkeitsgrad.

Alle Informationen unter Tel. 02333/988011, www.kluterthöhle.de

Das versteinerte Korallenriff in der Kluterthöhle

Tipp

Sanatorium unter Tage

Übrigens hat die Höhle anerkannte Heilwirkung bei asthmatischen Erkrankungen, bei Keuchhusten, Heuschnupfen und Hautallergien oder zur Raucherentwöhnung. Die fein gefilterte, allergen- und staubarme Luft hat eine entzündungshemmende Wirkung. Diese Wirkung wurde eher zufällig entdeckt: Im Krieg diente der Bevölkerung die Höhle als Schutz vor Luftangriffen. Darunter waren Menschen, die unter Asthma litten und deren Beschwerden sich linderten. Nach dem Krieg wurde die Höhle zum ersten deutschen Heilstollenzentrum. Interessierte melden sich unter der Telefonnummer 02333/988013.

Hülsenbecker Tal

Wer sich nach dem Eintauchen in die unterirdische Welt nach ein bisschen Idylle unter dem hohen Himmel sehnt, dem sei das Hülsenbecker Tal empfohlen. Teiche, an denen zahlreiche Vögel zu beobachten sind, ein kleiner Kinderspielplatz, mehrere Nordic-Walking-Routen und Spazierwege zeichnen das Naherholungsgebiet aus. Dazu kommt ein kleiner Tierpark, in dem neben Damwild auch Haustiere leben, zahlreiche Vogelarten genauso wie Waschbären und Frettchen. In der sogenannten Musikmuschel finden in den Sommermonaten zahlreiche Musik-Veranstaltungen statt.
Parkplatz Hülsenbecke 3, 58256 Ennepetal

Gastronomie

Café Hülsenbecke, Hülsenbecke 36, 58256 Ennepetal,
Tel. 02333/974791, www.restaurant-huelsenbecke.de
Diverse in Ennepetal

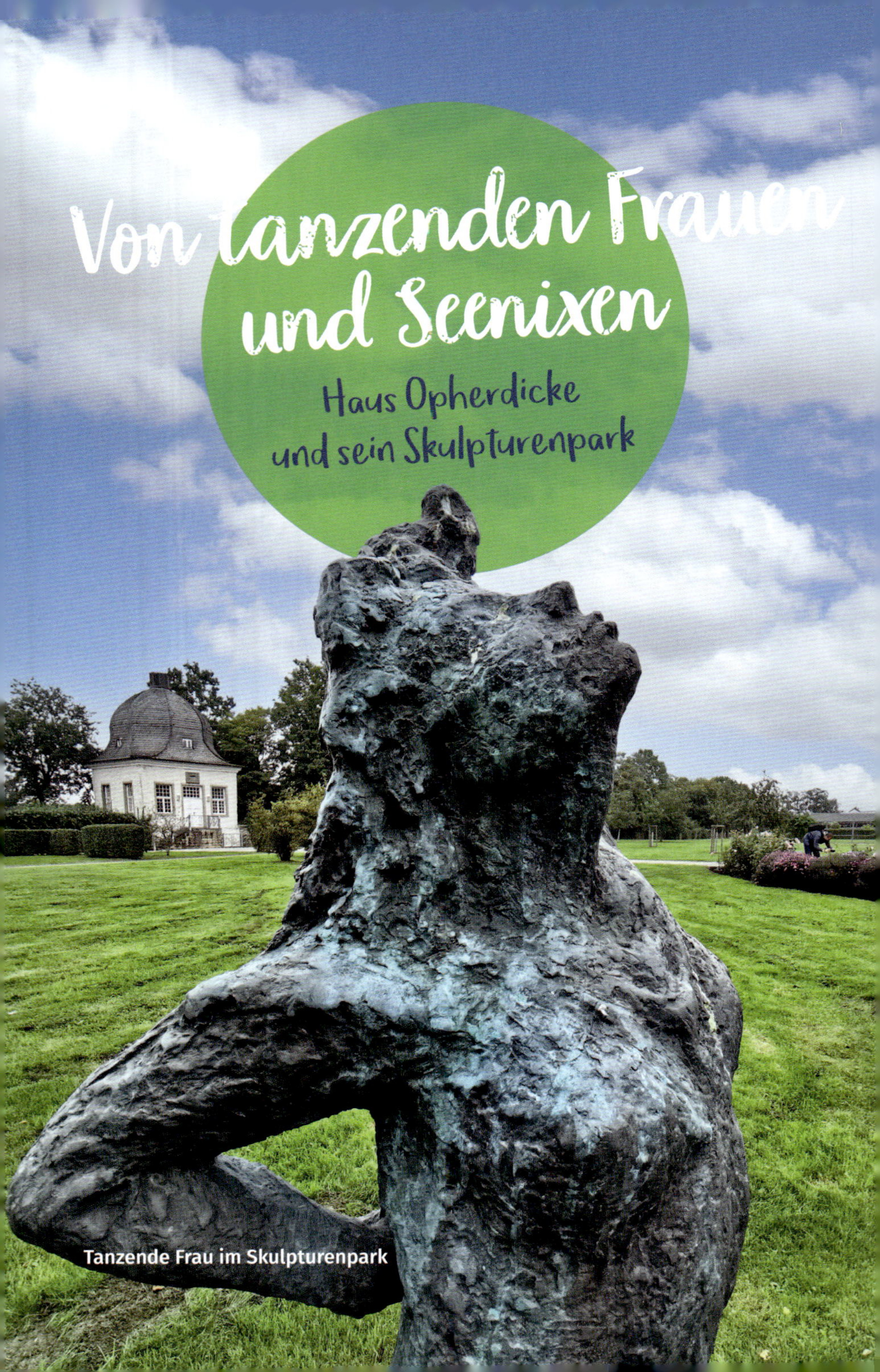

Tanzende Frau im Skulpturenpark

„Bellevue", schöner Ausblick, wäre auch ein Name für das zierliche weiße Schloss. Von der idyllisch gelegenen Terrasse des Schlosscafés kann man den unverbauten Blick über das Ruhrtal hinweg Richtung Sauerland genießen. Dieser Ort, der sich auf dem Ardey-Höhenzug befindet, hat etwas, das man schwer in Worte fassen kann. Es ist ein Ort zum Träumen: alte Bäume, tanzende Statuen, moderne Kunst und grüne Wiesen.

Wanderweg zum Schloss

Anreise Pkw/Parkplatz:
Parkplatz am Haus Opherdicke, Dorfstraße 29, 59439 Holzwickede

Anreise mit ÖPNV:
Haltestelle Krämersweg, Opherdicke

Barrierefreier Zugang:
ins Haus Opherdicke und in den Skulpturenpark

Schon seit dem Ende des ersten Jahrtausends nach Christus ist für Opherdicke eine Besiedlung belegt. Wahrscheinlich haben sich aber auf dem Höhenzug des Ardeygebirges schon viel früher Menschen angesiedelt, die durch die begünstigte Lage oberhalb der Ruhr Schutz, Handelswege und Nahrung finden konnten. Vielleicht stand dort, wo heute das Haus Opherdicke steht, schon in vorgeschichtlicher Zeit eine Siedlung mit Wallburg und Kultstätte. Schon im Mittelalter hatte Opherdicke Bedeutung für die Region.
Der Kleine Hellweg führte hindurch und diente nicht nur als Handelsverbindung, sondern auch als Zuweg zum damals bedeutsamen Jakobsweg nach Santiago de Compostela. Die Pilger kamen von Unna und gingen durch Opherdicke und Hengsen weiter nach Breckerfeld. Heute erinnert noch die ursprünglich romanische evangelische Kirche unweit des Schlosses an die Zeit der Pilger.

In der Nähe

Hilgenbaum

Ein spannendes Detail ist im Wappen der Gemeinde Holzwickede zu finden: der Hilgenbaum. Eine uralte Eiche bekam ihren Namen entweder auf Grund von Nachrichtenzetteln (Hilgen) oder aber aus dem hilgen oder heiligen Baum. Nachdem die historische Eiche bei einem Brand vernichtet wurde, pflanzten die Bewohner an der fast selben Stelle wieder eine neue. Sie steht an der südöstlichen Seite der Kreuzung Massener Straße zur Goethestraße. Dieser Kult erinnert an die Heiligen Bäume der Germanen, ein weiteres Zeichen für eine frühe Besiedlung dieser Region und den Erhalt der alten Traditionen.

Tipp

Opherdickes sehenswerte Kirchen

Die seit der Reformation evangelische Kirche in Opherdicke wurde Anfang des 12. Jahrhunderts im romanischen Stil erbaut. Was wir heute sehen ist eine neuromanische Erweiterung des alten Baus. Noch bis 1861 lag der Friedhof rund um die Kirche, im Osten sind auch heute noch drei alte Grabsteine zu finden.

Aber auch die Katholiken wollten ihr Gotteshaus haben, und so wurde 1702 eine kleine Kirche geweiht, die gleichzeitig die Grabkirche der Besitzer des Hauses Opherdicke war. Zu lesen ist dies auf den Grabplatten im Inneren des Kirchturms. 1893 wurde dieser Kirchturm beibehalten, aber die Pfarrkirche St. Stephanus im neugotischen Stil erbaut. Der Katholische Friedhof wurde schon 1849 angelegt und beherbergt die unter Denkmalschutz stehende Erbbegräbnisstätte der Familie von Lilien – zu finden links neben dem Eingang.

Die evangelische Kirche

Die Rückseite des Schlosses mit Café-Terrasse

Das Herrenhaus und die Kunst

Das kleine Wasserschloss und ehemalige Rittergut besticht durch seine klaren Formen und die weiße, schlichte Schönheit seines Herrenhauses, das sich hinter die Gräfte gesetzt hat – welche wiederum oberhalb eines sanft abfallenden Hangs liegt. Auch der Skulpturenpark mit den beeindruckenden und mitreißenden Figuren des Künstlers Raimondo Puccinelli zieht in seinen Bann.

Aber wie begann die Geschichte dieses kleinen Anwesens mit dem großen englischen Landschaftsgarten? Erstmals erwähnt wurde das auf dem Kamm des Ardeygebirges mit Blick ins Ruhrtal gebaute Haus im Jahre 1176 – als Rittergut des Heinrich von Herreke. Danach ging es in den Besitz seines Neffen Rembold von Grafschaft über und blieb in dessen Familie bis ins Jahr 1573. Danach wechselten die Besitzer häufig, bis schließlich Arnold Heinrich von Fresendorf zwischen 1683 und 1687 das Herrenhaus erbauen ließ. Mitte des 19. Jahr-

Tipp

Der Park der tanzenden Frauen

Wirklich spannend wird es in dem Moment, in dem man sich dem Park nähert. Es ist wie der Eintritt in eine andere Welt. Das Zusammenspiel von alten Bäumen und den Skulpturen des amerikanisch-italienischen Künstlers Raimondo Puccinelli entführt in eine Traumwelt: Landschaftsplaner haben ganze Arbeit geleistet, egal, wo man sich im Park aufhält: Die lebensnahen Skulpturen sind wie Begleiterinnen – man macht keinen Schritt, ohne sich nicht ihrer Nähe und Ausstrahlung bewusst zu sein. Man bewegt sich zwischen den Ebenen von Natur, Kunst und dem barocken Pavillon, der sich auch immer wieder ins Bild drängen möchte.

Die Erbin und Tochter des Künstlers schenkte der Stadt Unna 13 Skulpturen mit der Auflage, dass diese im öffentlichen Raum gezeigt werden sollen. Und da war die Idee vom Skulpturenpark am Haus Opherdicke geboren. Die Figuren aus Bronze, Granit und Stein mit den klingenden Namen wie etwa Figura Galleggiate, La Roccia oder Sirena sind es Wert, dass man ihnen einen ganzen Park zur Verfügung gestellt hat. Wer mehr über die Werke und den Künstler wissen möchte, dessen Hauptthema der Tanz in all seinen Formen war, kann sich einer Führung durch den Park anschließen.

Öffentliche Führungen durch den Skulpturenpark: sonntags und an Feiertagen um 13 Uhr. Anmeldung telefonisch unter 02301/9183972 oder an der Museumskasse.

hunderts kamen unter Franz Joseph Michael Freiherr von Lilien neue Wirtschaftsgebäude nördlich des Herrenhauses hinzu. Seit 1980 ist das Schloss Eigentum der Stadt Unna. Es wurde liebevoll restauriert und dient nun als Museum, Kultur- und Tagungsstätte. Das Herrenhaus, das sich mit dem Museum für moderne Kunst, den Veranstaltungsräumen für Konzerte und vor allem mit dem kleinen Café mit Außenterrasse über der Gräfte einfach nur stimmig präsentiert, ist einen Besuch unbedingt wert. Man fühlt sich getragen von der Mischung aus moderner Kunst und barocker Pracht. Das Herrenhaus stammt zum größten Teil aus dem 17. Jahrhundert, nur der Aussichtsbau mit Loggia und Terrassen zwischen den beiden vorgelagerten Pavillons stammt aus dem 19. Jahrhundert.

Museum Haus Opherdicke, Dorfstraße 29, 59439 Holzwickede, Tel. 02303/275041, www.ruhrkunstmuseen.com/de/museen/haus-opherdicke oder www.kreis-unna.de/hauptnavigation/kultur-tourismus/ausflugsziele/haus-opherdicke

Öffnungszeiten: dienstags bis sonntags und an Feiertagen 10 bis 17.30 Uhr, Führungen durch die Ausstellung: sonntags und an Feiertagen um 11.30 Uhr und 14.30 Uhr

Spaziergang

Wer möchte, kann sich auf einen kurzen Spaziergang auf den Spuren des alten Hellwegs und der sakralen Kunst machen. Vorbei an der Gräfte und auf gleicher Höhe wandert man vom Schloss Richtung Dorf. Durch das Steintor kommt erreicht man zunächst die Stephanus-Kirche, auf deren Friedhof sich auch die Erbbegräbnisstätte der Familie von Lilien befindet. Sehenswert ist auch die evangelische Kirche, zu der man über die Dorfstraße gelangt.

Wer lieber naturnah wandert, der geht hinter dem Schloss über die Felder talwärts. Eine kurze Runde führt durch die Wiesen bis zu einem Teich, an dem man nach rechts abbiegt, um über den Hohlweg bergauf wieder zurück zum Dorf zu spazieren. An der Stephanus-Kirche vorbei, die nun rechts liegt, erreicht man wieder das Schloss.

Tipp

Handy-Rallye rund ums Schloss

Die Zweigstelle Opherdicke der Waldschule Cappenberg bietet eine kostenlose Rallye für Familien: Man folgt den digitalen Tagebucheinträgen von Franziska von Lilien – sie hat tatsächlich um 1847 im Schloss gelebt und führt die Interessierten an unterschiedliche Orte rund um das Haus Opherdicke. Die Frage ist: Findet ihr auch alle Orte? www.waldschulecappenberg.de/rallye

Gastronomie

Bistro im Haus Opherdicke, Dorfstraße 29, 59439 Holzwickede, Tel. 02303/27-5541
Schlossstuben, Dorfstraße 37, 59439 Holzwickede, Tel. 02301/2159, www.restaurant-schlossstuben.de

Von Haus Opherdicke senken sich die Wiesen zur Ruhr hinab.

Sich dem Heiligen hingeben
Schloss und Stiftskirche Cappenberg
Historische Mauern zwischen weltlichem und geistlichem Besitz

Vor 900 Jahren verzichtete ein höchst einflussreicher und mächtiger junger Mann auf all seine Macht und seinen Besitz und gründete daraus mehrere Klöster – darunter eines in seinem bisherigen Wohnsitz Cappenberg. Bis heute wird Gottfried in der damals errichteten, heute prächtig restaurierten Stiftskirche als Heiliger verehrt. Das Ensemble bot in seiner Geschichte noch einem einflussreichen Mann Heimat: Heinrich Friedrich Karl Reichsfreiherr vom und zum Stein. In dem über dem Lippetal stehenden, frisch sanierten Ensemble ist es leicht zu verstehen, warum dieser hier seinen Ruhesitz nahm.

Schloss Cappenberg aus der Ferne

Anreise Pkw/Parkplatz:
Schlossparkplatz, Schlossberg, 59379 Selm-Cappenberg

Anreise mit ÖPNV:
Bushaltestelle Schloss Cappenberg

Barrierefreier Zugang:
in den Park, zur Kirche und zum Museum

Café an der „Alten Kegelbahn"

Es ist wie das Tor in eine andere Welt. Hinter dem Schlossportal scheint nicht nur die Zeit stehen geblieben zu sein, auch die Stimmung ist auf unerklärliche Weise eine andere. Unter den hohen alten Bäumen wartet vor der „Alten Kegelbahn" ein kleiner Gastgarten, wo man sich für den Aufstieg auf den Aussichtsturm stärken kann. Schloss Cappenberg liegt auf einem kleinen Hügelzug gleichen Namens über dem Lippetal. Von hier aus hat man Blick über das ganze östliche Ruhrgebiet und bei gutem Wetter bis ins Sauerland. Weite

Info

Wasserturm: Sicht über das Lippetal

Der 1992 als Aussichtsturm ausgebaute etwa 25 Meter hohe ehemalige Wasserturm liegt so günstig über den Hängen hinunter in die Lippe-Ebene, dass man von oben bei klarem Wetter über das Ruhrgebiet hinweg bis zum Sauerland sehen kann. Wer hinauf will, braucht ein 50-Cent-Stück.

Buchenwälder umsäumen das Schloss und seinen privaten Park, in dem der heutige Besitzer übrigens den nördlichsten Weinberg Nordrhein-Westfalens betreibt.

Bereits zur Zeit des Heiligen Liudger, der im 8. Jahrhundert nach Christus das Münsterland missionierte, stand auf dem Hügel nördlich der Lippe eine Burg. Dieses Wissen verdanken wir den Aufzeichnungen des Gottfried von Cappenberg. Gottfried wurde im Jahre 1097 geboren, 1116 heiratete er Jutta von Arnsberg. Durch diese Heirat gelangte fast das gesamte Westfalen in eine Hand, und Graf Gottfried war Herrscher über eines der mächtigsten Fürstentümer des gesamten Kaiserreiches deutscher Nation.

Auch im Dorf wurde dem Freiherrn vom Stein ein Denkmal gesetzt.

Doch nur fünf Jahre später, im Jahr 1122, geschah das Unglaubliche: Gottfried sagte gemeinsam mit seinem Bruder allem Weltlichen ab. Er vermachte seinen ganzen Besitz dem von Norbert von Xanten gegründeten neuen Orden der Prämonstratenser und gründete ihr erstes Kloster im deutschsprachigen Raum. Sein Schwiegervater versuchte vergebens, ihn mit aller Macht und sogar mit Waffengewalt an seinem Vorhaben zu hindern, sein Leben – und seine Reichtümer – dem Orden zu schenken. Vergeblich: Über fast 700 Jahre war das Schloss Sitz eines Klosters und gelangte erst durch die Säkularisation 1803 wieder in den Besitz einer Adelsfamilie.

500 lange Jahre bestand das Kloster unbehelligt, im Dreißigjährigen Krieg jedoch wurde es geplündert und teilweise zerstört. Die Gebäude, die heute noch stehen, wurden danach im Stil des Barock neu aufgebaut. 1803 wurde das Cappenberger Kloster säkularisiert und in eine preußische Staatsdomäne umgewandelt. Neuer Besitzer wurde der ehemalige preußische Staatsminister Karl Freiherr von und zum Stein, der sich hier zur Ruhe setzte. Die Grafen von Kanitz, denen Schloss Cappenberg heute gehört, gelangten durch Erbfolge in den Besitz.

900 Jahre Stiftskirche

Am 31. Mai 1122 übergab Gottfried die Schlüssel der Burg Cappenberg an den Gründer des Prämonstratenserordens, Norbert von Xanten. Am 15. August fand in Beisein des Bischofs von Münster die Grundsteinlegung der romanischen Querhausbasilika statt. Zwei Jahre später traten die Brüder Gottfried und sein jüngerer Bruder Otto, Patensohn des Kaisers Friedrich Barbarossa, in das Kloster ein. Doch schon 1127 starb Gottfried in einer seiner anderen Stiftungen in Ilbenstadt. Es brauchte weitere 21 Jahre, bis er – zumindest teilweise – in seine Heimat zurückkehrte: Man hatte sich darauf geeinigt, wenigstens seine untere Hälfte nach Cappenberg zurückzubringen, wo er seit 1614 offiziell als Heiliger verehrt werden durfte.
Als Gottfrieds Gebeine in Cappenberg beigesetzt wurden, war die romanische Stiftskirche bereits fertiggestellt. Hinzu kam später ein freistehender Glockenturm. Außer gotischen Gewölben und einer

Tipp

Besuch im Museum

Im Hauptgebäude befindet sich ein Museum des Landschaftsverbands Westfalen-Lippe. Dort wird seit der Neueröffnung 2022 unter anderem eine modern konzipierte Ausstellung über den Reformer vom Stein gezeigt. Öffnungszeiten: dienstags bis sonntags und an Feiertagen 10 bis 17.30 Uhr. Weitere Informationen unter: www.lwl-museum-kunst-kultur.de/de/museum/schloss-cappenberg/

In der Nähe

Zur Schule im Wald

Lichtungen statt Klassenzimmer, Baumstämme statt Schulbänken: Die Waldschule Cappenberg bietet ein modernes Lernangebot für Kinder und Erwachsene in der Natur. Die Begeisterung für die Natur der Region umzumünzen in ein Engagement für Arten- und Umweltschutz: Diesem Ziel folgen die zahlreichen Angebote für alle Altersgruppen, darunter auch viele generationenübergreifende etwa für Eltern mit Kindern oder Großeltern mit Enkelkindern. Um daran teilnehmen zu können, braucht es ein bisschen Vorbereitung in Form einer Anmeldung vorab.

Waldschule Cappenberg, Am Brauereiknapp 17, 59379 Selm,
Tel. 02306/53541, www.waldschulecappenberg.de

Chorapsis im gotischen Stil blieb die Kirche weitestgehend in ihrer Ursprungsform bestehen. Durch die gotischen Bauformen wurde der Innenraum deutlich heller. Das erleichtert bis heute die Betrachtung der wertvollen Fresken und Schnitzereien.
Wichtigster Schatz der Kirche ist übrigens der Barbarossakopf, eine der wichtigsten Goldschmiedearbeiten der damaligen Zeit. Otto von Cappenberg, Patensohn des Kaisers, hatte sie 1171 dem Kloster vermacht.
Immer noch ist die Kirche übrigens Pfarrkirche der katholischen Gemeinde. Das hat sie dem Protestanten vom Stein zu verdanken, der 1831 testamentarisch verfügte, dass die Katholiken die Kirche auch über seinen Tod hinaus als ihre Kirche nutzen dürfen.

Gastronomie

Café Alte Kegelbahn, Schloss Cappenberg, 59379 Selm,
Tel. 02306/9593211, www.cafe-kegelbahn.de
Weinstube und Weinverkauf Schloss Cappenberg,
Freiherr-vom-Stein-Straße 27, 59379 Selm-Cappenberg,
Tel. 02306/750060, www.weingut-kanitz.de

Vom Blau des Himmels und des Wassers

Zwischen der Marina Rünthe und der Halde Großes Holz

Die Farbe Blau dominiert die Halde.

Halden gibt es im Ruhrgebiet viele, und die meisten von ihnen sind für eine Wanderung oder Erholung in der Natur geeignet. Was die Halde Großes Holz so besonders macht, ist nicht nur ihre gigantische Ausdehnung – sie ist die mit der zweitgrößten Fläche aller Halden –, sondern auch die Naturerfahrung und die Kunstwerke, die sich alle um die Farbe Blau drehen. Hinzu kommen ein Lichtschwert, das in den Himmel sticht, der Ausblick ins Ruhrgebiet und rundherum das Wasser. Wer möchte kann am Datteln-Hamm Kanal entlang vorbei am Beversee bis zur Marina Rünthe spazieren und dort das maritime Flair genießen.

Lichtschwert

20

Anreise Pkw/Parkplatz:
Erich-Ollenhauer-Straße oder Waldstraße, 59192 Bergkamen

Anreise mit ÖPNV:
Haltestelle Erich-Ollenhauer-Straße

Barrierefreier Zugang:
auf weite Teile der Halde vom Parkplatz Waldstraße

Auf dem Gräser- und Baumplateau

Der Name der Halde leitet sich von den ausgedehnten Buchenwäldern ab, die der Bergehalde für die Bergwerke Haus Aden und Monopol in den 1970er-Jahren weichen mussten. Wer den Ausflug mit einem Spaziergang an den Beversee verbindet, wird die Reste dieses Waldes betreten, der heute ein Naturschutzgebiet umschließt.
Die Halde Großes Holz war anfangs der 1970er-Jahre das erste einer Reihe bewusst geplanter und begrünter Landschaftsbauwerke. Das Haldenmassiv wurde so angelegt, dass es später ein Naherholungsgebiet für Mensch und Tier werden konnte. Und so beeindruckt es heute mit vielen künstlerischen Impulsen wie dem Korridorpark mit der inspirierenden Farbe Blau. Und wie damals wird sie auch in Zukunft wieder eine Vorreiterrolle spielen, nämlich im Zuge der Internationale Gartenausstellung 2027, wenn sie ein wesentlicher Bestandteil des Zukunftsgartens „Landschaft in Bewegung" sein wird, der dann Bergkamen und Lünen verbinden wird.

An der Ostseite wurde ein weitläufiges Gräser- und Baumplateau angelegt. Hier wirkt die renaturierte Landschaft wieder besonders naturnah und bietet den schützenswerten Kreuzkröten, dem Kiebitz und dem Flussregenpfeifer Lebensraum. Der nordwestliche Teil der Halde wird bis zur Internationalen Gartenausstellung umgestaltet. Hier wird bis dahin eine riesige „Naturarena“ errichtet. Diese soll Schauplatz großer Kulturveranstaltungen oder von Freiluft-Märkten sein.

Das Lichtschwert in den Himmel

Einer der Wege führt zum höchsten Punkt der Halde, auf die Adener Höhe. Von dort bietet sich ein beeindruckender Ausblick in die Umgebung: im Norden zum Datteln-Hamm-Kanal mit der Marina Rünthe. Östlich befindet sich der Beversee und südöstlich das ehemalige Bergwerk Monopol. Was aber noch vorher ins Auge sticht ist die beeindruckende 30 Meter hohe Lichtsäule. Weit mehr als eine reine Landmarke ist dieses Kunstwerk mit dem Titel „Impuls-Bergkamen“ ein Teil des Kunstprojekts „Hellweg – ein Lichtweg“. Die Skulptur der Künstlerbrüder Maik und Dirk Löbbert wurde im Dezember 2010 auf der Halde installiert: 14.400 LED-Leuchten lassen die Stele im Dunkeln pulsieren und senden so die Botschaft der beiden Künstler in die Welt: „Sich zuversichtlich weiterentwickeln und neue Wege gehen.“

Info

Heimat vieler Arten: Naturschutzgebiet Beversee

Durch eine Bergsenkung als Folge des Bergbaus ist dieser See entstanden: Die Mulde füllte sich mit dem Wasser des Beverbaches und so entstand das Gewässer mehr oder weniger auf natürliche Weise. Neben den schützenswerten Pflanzen wie der Gelben Teichrose und der Weißen Seerose, den vielen Röhrichten wie der Sumpf-Schwertlilie, dem Rohr-Glanzgras oder dem Rohrkolben können mehr als 50 Vogelarten im Naturschutzgebiet nachgewiesen werden. Der scheue Eisvogel, die Waldschnepfe oder der Flussregenpfeifer finden hier ebenso Lebensraum wie besondere Fledermausarten, beispielsweise der Große Abendsegler oder die Wasserfledermaus. Im gesamten Naturschutzgebiet gibt es Bombenkrater aus dem Zweiten Weltkrieg, die ebenfalls mit Wasser gefüllt sind und dem anspruchsvollen Kammmolch und anderen Amphibien als Lebensraum dienen. Kröten, Frösche, Libellen profitieren von den vernetzten Feuchtlebensräumen und dem naturnahen Mischwald mit seinen gelben Schwertlilien und seltenen Orchideenarten. Was als Eingriff des Menschen in die Natur begann, hat sich zu einem blühenden und lebendigen Biotop entwickelt.

Am Beversee

An dieser Stelle soll in Zukunft die Bergarena stehen.

Man folgt immer dem Blau

Die Gestaltungselemente der Halde knüpfen an das „Blaue Band“ in der Stadt Bergkamen an, und so zieren neun bläulich schimmernde Leuchtkörper aus Stahl und Plexiglas den Korridorpark. An der Aussichtsplattform „Bastion“ sind Drahtkörbe mit großen blauen Glassteinen gefüllt, und die aufwendige Bepflanzung bietet blaue Felder aus Ochsenzunge, Lavendel, Lupine, Natternkopf, Salbei und Sommerflieder. Nicht nur für Schmetterlinge und Insekten ein Festmahl, sondern auch für uns eine Augenweide. Aber auch im Winter entfaltet die Halde ihre Magie und lädt zu einem Besuch ein.
So mancher Nachtschwärmer trifft sich hier, um die Aussichtsplattform zu erklimmen und einen beeindruckenden Ausblick auf das erleuchtete und nächtliche Ruhrgebiet zu bekommen. Der Blick zur Stadt Dortmund mit Flughafen und zu den erleuchteten umgebenden Industrieanlagen bieten eine Ruhrpott-Romantik, die schon viele Pärchen um diese Zeit auf die Halde gelockt haben. Arm in Arm lässt sich der Sonnenuntergang hier zelebrieren. Für den Abstieg ist trotz Haldenbeleuchtung eine Taschenlampe empfehlenswert.

Am Datteln-Hamm-Kanal

An Kanal oder Beversee zur Marina Rünthe

Wem es nicht reicht auf der Halde seine Runden zu ziehen, der kann sich der Farbe Blau auch am Wasser nähern: Entlang des Datteln-Hamm Kanals und vorbei am Beversee ist die Marina Rünthe ein lohnendes Ziel.

Tipp

Maritimes Flair – die Marina Rünthe

Sie diente 1939 noch als Verladehafen für die Zeche Werner – kaum unvorstellbar, wenn man sich dem fast schon mediterran anmutenden Hafen heute nähert. Seit 1995 ist die Marina der größte Sportboothafen in NRW und bietet alles, was das Schifffahrerherz begehrt. Und auch hier zeigt sich Kunst in Form von Lichtinstallationen: das „PulsLicht" des Künstlers Mischa Kuball. Die acht Meter hohen Leuchten senden wie kleine Leuchttürme pulsierendes Licht aus und machen die Marina vor allem abends zu einem attraktiven Ausflugsziel. Aber auch tagsüber macht es Spaß, zu flanieren, die unterschiedlichen Boote zu bestaunen und im südlichen Flair des Hafens ein Eis zu essen.

Gastronomie

Restaurant Pier 47, Hafenweg 4, 59192 Bergkamen, Tel. 02389/9289312, www.pier47.de

Bar Liquid-Liberty, Hafenweg, 59192 Bergkamen, Tel. 0176/80155728, www.liquid-liberty.de

Restaurant am Yachthafen, Hafenweg 40, 59192 Bergkamen, Tel. 02389/6262, www.restaurant-am-yachthafen.com/

Maritimes Flair am Kanal